放送大学叢書042

道徳教育の方法

理論と実践

道徳教育の方法　理論と実践　目次

我が国の道徳教育は、現在、大きな転換点にある。戦後、一九五八（昭和三三）年に「道徳の時間」が特設されたが、それは教科という扱いではなかった。それが、二〇一八（平成三〇）年度からは小学校において、また、その翌年度からは中学校において「道徳の時間」に代えて「特別の教科　道徳」が開設されることとなった。

今回のこの教科化は、二〇一三（平成二五）年に政府内に設けられた教育再生実行会議での議論から始まった。同会議は、その第一次報告「いじめ問題等への対応について」において五つの提言を行ったが、その一つ目が道徳の教科化であり、二つ目がいじめ対策の法制化であった。いじめ問題への対応策として真っ先に道徳の教科化があげられていることから、道徳教育が、いじめへの対策としていかに強く期待されているかということが見て取れよう。

しかし、教科化は、従来の道徳の時間では足りないことの指摘でもある。これまでの道徳授業を振り返ってみると、副読本の教材を使って登場人物の気持ちを追いかけ、話合いをし、最後に教師が説話をして終わるのが一般的なスタイルであった。これは、心情を育み、道徳的価値を教えるのに有効な面もある。だが、私の見聞きしている範囲でも、ときに、教師が、質問事項ばかりか子どもの答えまで事前に書き記した張り紙を用意し、子どもたちがその答えを当てようとする推測ゲームのような授業になっていたり、心情面を強調するあまり心情だけに依拠して非合理的な結論に導く授業になっていたりすることもなかったわけではない。また、道徳の時間には正しい答えを言えるのに、実際の行動としてはできないというようなことも起こっている。今後も、もし、道徳の授業では「いじめは悪いことだ」と答える子どもが、授業後の休み時間に級友をいじめるような事態が起こるとするならば、教科化したことに意味がないということにもなりかねない。こうした点を考慮し、今回の教科化では、「問題解決的な学習」や「道徳的行為に関する体験的な学習」など多様な指導方法が道徳授業に取り入れられることになっている。

そもそも道徳教育を教えることには、教科領域とは違った難しさがある。知識を教えるだけでは済まず、教える側の人間性も問われることになる。しかし、道徳的に望ましくない行為を一度もしたことがない人間を想定することは難しい。もし、道徳的に立派な人間しか道徳を教えることができないとすれば、だれも道徳を教えることなどできないだろう。自らの過ちを反省し、だれもが間違いうることを認めつつ、それを乗り越えていける者こそが、子どもたちの自律性を育て、価値観の異なる者同士が共生できる社会を作ろうとする意志や実践力を育てる道徳教育に携わるのにふさわしいのではないか。本書は、そうした問題を考えるための素材として読んでほしい。

さて、本書は、放送大学のテキストを大幅に改訂し、放送大学叢書の一冊として刊行するものである。私は、二〇〇五年度より四年間、当時放送大学教授の新井郁男先生、当時横浜国立大学教授の犬塚文雄先生とともに、放送大学のテレビ講座「道徳教育論」を担当し、その後は、二〇〇九年度より六年間、単独でラジオ講座「道徳教育論」を担当した。その後者のテキストが本書のもとになった『新訂道徳教育論』（放送大学教育振興会）である。このテキストは思いの他おおぜいの方々にご購読いただき、放送大学での講義終了後も刊行していただいた。この度、改訂出版するにあたり、その内容について大幅に手を入れた。

改訂の一番大きな理由は、上記のように、「道徳の時間」が「特別の教科　道徳」になり、それに合わせて、教育内容や授業方法にも変更が求められることとなったからである。また、大学のテキストとしてだけでなく、「特別の教科　道徳」を担当する小中学校の現職教員の方々や、これから子どもたちが学ぶ道徳がどのようなものなのかと心配されている保護者の方々にもぜひ読んでいただきたいという思いから修正した。

本書は三部からなる。

第一部では、道徳や教育の概念や意味を考え、近代的な学校制度が始まって以降における日本の道徳教育史を振り返り、また、法的拘束力があるとされている学習指導要領における道徳教育の取扱いを確認する。さらに、心理学的な研究から道徳性の発達を再考した後、それを今度は社会学的観点から社会化の問題としてとらえ直す。この部分は、いわば基礎的な部分であり、実践に対する関心の強い方はあまり興味をもたれないかもしれない。しかし、実践を支える基礎として重要な意味がある。道徳教育の目標の一つは、自律心を育てることである。教師が、今教えている道徳にどのような意味があるのか自ら考えることもなく、ただ言われるがままに教えるようなことになれば、その態度は自律からはほど遠く、自律した子どもを育てることなどできないだろう。

第二部では、教科化にともなって提案されている授業方法を取り上げる。それらを、大きく「伝統主義的アプローチ」と「進歩主義的アプローチ」に二分して紹介する。また、道徳教育は、学校の教育活動の全体をとおしても行われているので、各教科や特別活動や生徒指導における道徳教育についても考察する。

第三部では、道徳教育に関連する諸領域を取り上げる。学校教育に限定せずに、家庭や地域社会における道徳教育的な活動や、人権教育や同和教育との関係、また、私立学校では「特別の教科　道徳」に代替できると法的に認められている宗教教育との関係、さらに、諸外国における道徳教育も取り上げる。最後の第十二章では、まとめに代えて、道徳教育の課題について論じ、道徳教育実践学の必要性を主張する。

いずれの章も、独立して読めるようにしてある。興味関心のある箇所から読んでいただければ幸いである。

本書の出版にあたり、左右社の小柳学社長、脇山妙子さんには、さまざまなアドバイスをいただき、たいへんお世話になった。厚く御礼申し上げる。

二〇一八年二月

林　泰成

第一部

道徳教育の理論

◉第一章

道徳と教育

一　道徳教育とは何か

道徳とは

道徳教育は、文字通り、道徳を教えるわけだが、そもそも道徳とは何であろうか。道徳という言葉の使用例を探ると、五経の一つである『礼記』や司馬遷の『史記』など、中国の古典に遡ることができる。『史記』では、『老子道徳経』に言及されているが、「道徳経」という名称は、上巻が「道」についての記述から始まり、下巻が「徳」についての記述から始まっていることで名付けられた名称であり、現在我が国で使用されている道徳と同じ意味とは思われない。むしろ意味としては、明治時代に西洋の学問が導入された際に、英語で言えばmoral（Moral 独、morale 仏）に当たる西洋語に対して与えられた訳語として理解する方がわかりやすい。英語のmoralは、ラテン語のmos（習慣、風習）の複数形moresを語源とする。その語源的意味から考えると、それは、日常生活の中で守るべき習慣のようなものであると言えよう。

英語には、moralと類似の言葉としてethics（Ethik独、ethique仏）がある。これは、倫理あるいは倫理学と訳される。これもまた、中国古典にその使用例が見いだされるが、やはり明治期に西洋語の訳語として導入されたものである。語源はギリシア語のethos（ローマ字転写）であり、これもまたmoralの語源と同様に、習慣や風習を意味する。

日本語の道徳と倫理は、同じ意味で使用されることもあれば、区別されることもある。区別するときには、道徳がより実践的で、倫理はより普遍的な原理とみなされることが多い。

さて、以上のような語源から考えると、道徳とはけっして難しいものではない。それは、日々の生活の中で従うべき慣習であり、毎朝あいさつをするとか、ゴミを道ばたに捨てないとか、お年寄りに席を譲るとか、そうしたことがらを例としてあげることができる。しかし、あることがらが道徳的であるかどうかを真剣に考え始めると、時代や社会によって、その答えは変化すると言わざるをえない。たとえば、仇討ちが認められていた時代もあるが、現代では、それは法的に許されていないし、かつ、道徳的にも認められないと言ってよい。しかし、こうした例をあげると、「道徳とはもっと普遍的なものだ」という反論が出るかもしれない。

ある特定の時代や特定の社会において認められる道徳は、慣習的道徳と呼ばれている。ところが、時代や社会の変化にともない、従来正当なものとして受け入れられてきた慣習的道徳が疑念にさらされると、理性に照らして正しいと考えられる道徳が表に出てくる。これは、理性的道徳（あるいは反省的道徳、原理的道徳）と呼ばれる。理性的道徳もまた、時代や社会の制約を暗黙裡に受けている。したがって、理性的道徳とみなされていたものが、後の時代に「これは慣習的道徳であった」ととらえ直されることもありうる。

それでは、十分な検討を行えば、時代や社会、民族や国を超えて通用する理性的道徳を明るみに出すことができるだろうか。それはとても難しい。たとえば、私は、命を傷つけないということが普遍的な道徳であってほしいと願っているが、現に死刑制度を有する国がある。もちろん犯罪としての殺人と死刑制度は法的には異なるものである。しかし、死刑は、正当な理由と適正な手続きを踏んだ上での命を傷つける行為であることには違いない。

だからといって、道徳は相対的なものだというのも都合が悪い。それでは社会秩序が維持できなくなるからだ。もちろん、個々の社会や文化は尊重されなければならない。つまり、文化的相対主義の立場が維持されなければならない。しかし、他方で、道徳の問題に関しては、絶対的な道徳原理が存在するという絶対主義の立場が望まれるのである。その立場は、倫理的絶対主義と呼ばれる。つまるところ、文化の多様性を認めつつ、究極のところでは、普遍的な倫理的原理が存在すると考えることが望ましいと考えられているのである。

道徳教育とは

では、道徳を「教える」とはどういうことを意味するのであろうか。

道徳を慣習的なものととらえれば、社会の中にある慣習をいかに教えるかということになる。こうした立場の道徳教育は、伝統主義的アプローチと名づけられる。一方で、子どもの中にある道徳性の芽をそのまま伸ばしていこうと考える立場がある。これはロマン主義的アプローチと呼ばれる。

道徳教育には、社会的なルールを教えるという側面があるので、どこかで伝統主義的アプローチをとらざるをえない。しかし、だからといって、全面的に特定の社会組織が決めた道徳を教え込むというのも問題があると感じられるであろう。具体的な道徳には、国や文化によって違っているものもあるからだ。そこで、ここでは、完全なロマン主義ではないにしても、子どもの主体性を最大限尊重するような立場を、伝統主義とロマン主義の間に設定することにしよう。そして、それを進歩主義的アプローチと呼ぶことにしよう。

本書では、「道徳教育は、たとえ、できるかぎり少なく限定するにしても、道徳的価値の教え込みをせざるをえない」という立場を前提にして、伝統主義的アプローチと進歩主義的アプローチの二種類の道徳教育の実践を紹介することにする。ロマン主義的アプローチは、とくに道徳教育においては、現実的な方法としてはほとんど用いられていないし、また、想像しがたいからである。

道徳は教えられるのか

さて、そもそも道徳は教えられるのだろうか。もちろん、教えられると考えられているからこそ、日本では、小中学校において教科として道徳科が設置されたわけである。しかし、道徳は教えられるのかという問いは、古代より哲学者たちによって議論されてきたことなのである。古代ギリシアの哲学者プラトンの対話篇『プロタゴラス』や『メノン』の中で、徳は教えられるのかという問いが、ソクラテスとプロタゴラスによって議論されている。ソクラテスたちの議論は、徳の教育可能性をめぐる議論である。ここで、この問いに簡単に答えることはできない。というのも、それは、定義の問題に関係していると思われるからである。ソクラテスらの議論の中で言及されている、人間のすぐれた性質としての「徳」と、現代の日本の道徳教育で教えられている「道徳」が同じであるかどうか。また、「教える」とは何を意味するのか。私なりの定義を示すことはできるが、その定義の妥当性の検討がまた議論を要するであろう。ここでは少なくとも、こうした原理的な問いが、実は、今日の道徳教育の実践を考える際にも問題になってくるということを強調しておきたい。たとえば、第六章で詳しく取り上げるが、進歩主義的アプローチに分類されるモラルジレンマ授業の提案者ローレンス・コールバーグは、道徳は教えられないと考える。だからこそ、道徳的価値の伝達ではない授業方法としてモラルジレンマ授業を提案するのである。

二　現代社会と道徳教育

子どもたちの現状

子どもたちが変わったと言われる。規範意識が低下したとも言われる。しかし、それは依拠するデータによってどのようにでもとらえられるものである。ここでは、私のカウンセラーとしての経験から問題をかかえている子どもたちの特徴を述べることにしたい。一般化できるかどうかについての判断は留保しておきたい。

私が気になることは三点ある。規範意識の低下、自尊感情の低下、人間関係力の低下である。

第一に、子どもたちはとても規範意識が低い。もちろん大人だってルール違反をすることはある。しかし、自分がルール違反をしていると意識しているときには、なんだか「まずいなぁ」というような気持ちが心の奥底にありはしないだろうか。けれども、一部の子どもたちは、悪いことだとわかっていながら、悪びれずにやってしまう。

第二に、自尊感情（self-esteem）がとても低いと感じられる。自尊感情とは、他者との比較によって自分を誇るプライドではなく、ありのままの自分を受け入れる気持ちである。相談室にやってくる子どもたちの多くは、そうした自分を大切に思う気持ちが弱くて、「どうせ自分なんかなにをやってもだめなんだ」というような投げやりな気持ちでいることが多い。自尊感情が低いとはいっても、自尊心がまったくないというのではない。むしろ、自尊心はある。それは、いわば小さなゴム風船にたとえられるようなもので、いままさに破裂しそうなくらいにふくらんだ状態なのである。ちょっとした刺激に過敏に反応し、いわば「キレる」状態になる。

第三に、人間関係をつくる力が弱い。人間関係のトラブルは、人間関係力を身につけるための絶好の機会でもあるが、多くの子どもたちが人間関係のトラブルに傷つき、回復できずにカウンセラーのもとを訪れているという感じなのである。

トラブルを起こす子どもたちの多くは、この規範意識の低さと自尊感情の低さ、そして人間関係力の弱さを併せ持っている。自尊感情が低いからちょっとした言葉にも過敏に反応し、たとえば「服が似合ってないよ」とか「髪型が変だよ」と言われただけで激高し、善悪の判断もできずに、いきなり相手を傷つけるような行動に出てしまう。もう少し自尊感情が高ければ、他者の批評を気にせずに自分は自分でいいのだと思えるであろうし、また、たとえどんなことがあっても人を傷つけてはならないという規範意識が強ければ、過激な行動を押さえることができると思われるが、自分を抑えられずに問題行動に走ってしまう。そして、そうしたことの繰り返しで人間関係もどんどん壊れていくのである。

規範意識を育むためには、道徳教育が効果を発揮すると考えられる。しかし、自尊感情を育むには、それだけでは十分ではない。自尊感情を育むためには、完全に子どもの側に立って、子どもの存在そのものを受け入れるような支援が必要なのである。道徳教育は、子どもの主体性を最大限尊重するにしても、それでもなお教え込みの部分を残さざるをえないので、そうした完全に子どもの側に立つということは難しい。そうした点を考慮して、最近では、「心の教育」というものが主張されているととらえることができるのではないか。それは、道徳の時間のような特別な時間が設けられて実施されているわけではないが、道徳の時間や学級活動の時間などに、従来の道徳教育を拡張したものとして行われていると言える。「心の教育」という表現は、以前から使用されている表現であるが、近年のその中身は、サイコエデュケーションのエクササイズを取り入れて、従来型の道徳教育とは少しばかり異なる手法を取っているように思われる。

「心の教育」という表現は、人間の内面に目が向いている表現である。実際の活動を見ると、人間関係が取り上げられてはいても、最終的には、そこでの体験を個人の内面へと返そうとする試みが多い。したがって、それだけではまだ不十分で、ときには、個人が我慢しなければならない状況を体験させながら、集団の合意形成をするような活動もまた、道徳教育と関連させて仕組んでいかなければならないだろう。つまり、人間関係力の形成をめざす試みも必要なのである。最近は、ひとり遊びができるゲーム機の流行や、少子化の影響などによって、子どもの遊び仲間の集団が小さくなっている。子どもたちが、日常生活の中で、人間関係を学ぶ機会が少なくなっているとすれば、学校においてもそれを仕組む必要があるだろう。

社会の変化

さて、子どもたちの変化は社会の変化と連動している。現代社会の特徴をどうとらえるかについてはいろんな見方があるが、ここでは、まず、教育社会学者本田由紀の造語「ハイパー・メリトクラシー」という用語によって現代社会の様相をとらえてみよう。

メリトクラシーは、業績主義とか実力主義と訳される。簡単に言えば、能力ある人が成功していく社会を特徴づける用語である。その言葉に本田は、「ハイパー」という言葉をつけ加えて、現代社会を表現する言葉として用いている。ハイパーとは「超」という意味である。したがって、「ハイパー・メリトクラシー」とは、超業績主義という意味である。この超業績主義のもとでは、本田のあげている言葉で表現すれば、「意欲や独創性、対人能力やネットワーク形成力、問題解決能力などの、柔軟で個人の人格や情動の深い部分に根ざした諸能力」（本田由紀、二〇〇五年、p.ii）が重視されるようになる。道徳性というようなものも、こうした能力の一部だと言うことができる。そうしたものが、従来求められていた能力に加えて求められるようになってきたということなのである。そうしたものの重要性に社会が気づき始めたのだというように解釈することもできるであろう。しかし、本田は、こうしたハイパー・メリトクラシーの社会に対しては否定的な立場を取っている。たしかに、そうした能力や道徳性を業績として数え入れるような社会は、それが学力同様に評価されるということであるから、生活しやすい社会とは言えないようにも感じられる。また、そうした社会だからこそ、子どもたちの「個人の人格や情動の深い部分に根ざした諸能力」の弱さが目につくということなのかもしれない。

知識基盤社会と道徳教育

現代社会は、あらゆる活動が知識や情報を直接的な基盤とするという意味で、知識基盤社会と言われている。つまり、私たちの生きる現代社会は、知識そのものに価値が認められる社会なのである。しかし、矛盾した表現と感じられるかもしれないが、こうした社会では、知識の価値は相対的に下がるのではないかと思われる。たとえば、だれも百科事典など持っていない時代に自分ひとりがそれを持っているとしたら、知識の価値は高くなる。ひとの知らないことを自分一人が占拠できるのであるから、それを利用して、お金儲けをすることもできるかもしれない。また特権的な社会的地位に就くこともできるかもしれない。けれども、現代社会では、百科事典的知識は、インターネット等を通してだれでも簡単にアクセスできる。あらゆる場所に、知識や情報があふれている。大切なことは、その真贋を判定し、いわば「死んだ」知識ではなく、「生きた」知識としてそれを活用することである。

ここでいう「生きた」知識とは、自己の体験に裏打ちされた知識という意味である。もちろん、体験によって無からすべての知識を生み出すことは難しい作業である。最初には、「死んだ」知識も意味を持っていると言わざるをえない。しかし、それが、真の知識として本当の価値を発揮し始めるのは、自らの体験によってその知識を確認し、頭だけではなく、腹の底から「わかった」と思えるときである。

私は、以前、学校教育においては知識を教えるよりも大切なことがあると考えていた。それは、たとえば、人間関係や道徳心を育む体験であり、豊かな自然を感受する体験である。今でも、ある意味ではそう信じているが、しかし、知識伝達とそうした体験を対立的な図式でとらえるのは間違いではないかと最近では考えている。

近年、学力低下の問題がよく話題になる。単純な考え方をすれば、低下しているのだから教えればよいということになる。けれども、真の学力とは何かということを考え始めると、「死んだ」知識の伝達だけで育成できるとはとても思えない。ひととひととのかかわりを通しての人間性の学びとか、豊かな自然に触れる体験を通しての学びによって、初めて真の学力が形成されるのではないか。現代社会は、知識の習得だけではすまない社会になっている。つまり、本田由紀の言うようなハイパー・メリトクラシーの社会になっているのである。そのことを踏まえた上で、道徳教育の在り方について考えなければならない。

三　道徳教育のための諸学問

道徳教育の研究

道徳教育の研究は、一個の学問分野としてはいまだに成立していないと言わざるをえない。多くの研究者は、倫理学や心理学、社会学などをベースとして、道徳教育の研究を進めている。そういう意味では、学際的な領域なのである。私自身も、学問的背景は、哲学・倫理学である。そこから道徳教育を研究テーマとするようになった。ただ、研究を進めていくと、哲学や倫理学だけでは足りないと強く感じるようになった。人間の心のありようを心理学的な視点でとらえる点が弱いと感じられるようになったのである。そこで、私は、他領域にも足を踏み入れ、カウンセラーとしての活動にも携わっている。

倫理学と心理学と社会学

では、道徳教育の研究を進めるにあたっては、どのような学問分野が必要なのであろうか。私は中核になるべき分野として、少なくとも、倫理学と心理学と社会学が必要だと考えている。もちろん、教育の問題を扱う以上、教育学が必要だが、教育学もまた学際的な分野である。また他にも、宗教学や法学、歴史学なども必要であるが、しかし、どのような立場で道徳教育の研究を進めるにしても、倫理学・心理学・社会学の三分野で行われている道徳の研究の成果は、少なくともその基本事項だけでも知っておく必要がある。

倫理学は、規範性や当為を扱う。規範性や当為とは、「こうすべきだ」ということである。道徳的判断には常に「こうすべきだ」というある種の強制力が伴う。そうした強制力を規範性や当為の問題として扱うのが倫理学である。

心理学は、心の問題を扱う。道徳性の問題は、心の内面の問題としてとらえられるから、心理学を抜きには、道徳性は語りえないということになる。

また社会学は、社会を研究の対象にしている。道徳教育では社会的なルールの内面化を行う。その社会的なルールを社会的事実として探究するのが社会学なのである。

それぞれの学問分野の専門家が道徳教育の研究を進めると、ときとして不思議な事態が生じる。互いの研究やその研究に基づく実践がかみ合わないのである。

一例をあげれば道徳教育研究者や実践家とカウンセラーが顔を合わせる不登校の支援やいじめ問題について話し合うような機会に居合わせることもあるが、そうしたときに、表面では議論が成立していても、お互いの立場に対する無理解が顔を出すのである。

たとえば、会議の合間の休憩時間に、道徳教育の研究者や実践家は、「カウンセラーって無責任だよね。子どもに、『嫌だったら無理して学校に来なくてもいいよ』などと言うことがあるんだよ」というような話をし、カウンセラーは、「道徳の連中は頭が固いよね。なんでもルールを押しつければ解決すると思っているんだから」というような話をしたりすることがある。本来、協力すべき立場にあるひとたちが、うまく連携できない。いや連携はできているのだが、互いの立場に対する心の奥底からの十分な理解が成立しないのである。

道徳教育実践学の構築に向けて

こうした事態を反省すると、道徳教育を研究対象とする道徳教育学を、一個の学問分野として成立させなければならないと言えよう。それは、道徳教育の実践に役立つものでなければならない。もちろん、道徳教育に対する批判はあってよい。たとえば、道徳科授業は要らないというような主張が、道徳教育学から出されるということがあってもよい。しかし、同時に、「では道徳科授業に頼らずに、どのように道徳性の育成を行うのか」を具体的に示せるようなものでなければならない。

戦後、長い間、道徳教育をめぐる論争は、具体的にどうするかということに関する対立というよりは、イデオロギーの対立、思想信条の対立という側面が強かったと言える。しかし、私の見るところでは一九九七（平成九）年の神戸連続児童殺傷事件以降になってようやく、具体的にどうするかがまじめに議論されるようになってきた。被害者が小学生で加害者が中学生というこの事件があまりにも凄惨であったがために、その後、中央教育審議会の答申「新しい時代を拓く心を育てるために――次世代を育てる心を失う危機――」が出された際に、マスコミから大きな批判は出なかった。道徳教育や心の教育を強調するこうした文書が出されると、かならずと言っていいほど批判されたものだが、「なんとかしなければ大変なことになるぞ」という雰囲気が世間一般に広がっていたためと言えよう。

そうした意味では、実践とのつながりを強調して、「道徳教育学」ではなく「道徳教育実践学」とでも言うべきものを構築することを提案したい。

さて、ここまでの説明で、道徳教育のイメージを構築できたであろうか。まだよくイメージできないという読者は、ぜひ自分自身の受けた道徳授業を思い出していただきたい。日本の公立の小中学校には週一回「道徳の時間」があったはずである。その時間には何をしただろうか。私学では、道徳教育に代えて宗教教育を行うことが認められているから、ひとによっては、道徳の時間は受けていないかもしれないが、そうした場合には、宗教教育の授業にどのような道徳的な学びがあったのかを思い出してほしい。

もちろん、道徳教育は学校でのみ教えられるわけではないから、家庭や地域社会での道徳教育体験もあるだろう。家庭は、いわば裃《かみしも》を脱いだ状況での道徳教育の場である。また、地域社会は、モデルとしての大人の道徳的行動を学ぶ場である。それぞれが学校教育とは違う役割を担っていると言える。そうした中で体験した道徳教育を振り返り、道徳教育のイメージを形成し、そのイメージを膨らませたり、修正したりしながら、道徳教育の在り方を考えていくことにしよう。

◉第二章

道徳教育の歴史

一　開明的政策から伝統的儒教教育へ

近代的学校制度の成立

一八七二（明治五）年八月三日に、「学制」が公布され、近代的な学校制度が始まった。この「学制」の公布にあたって出された太政官布告二一四号「被仰出書《おおせいだされしょ》」には次のような表記がある。「学問は身を立つるの財本ともいうべきものにして、人たるもの誰が学ばずして可ならんや」。学問は、身を立てる財本なので、みんなが学ばなければならない、ということが謳われている。ここに書かれているのは、各自の立身出世のための学問のすすめである。身分にかかわらず学校で学ぶことをとおして身を立てることの大切さが説かれている。

このときの制度では、小学校は、下等小学が四年八級（半年ごとに、下級の八級から上級の一級まで四年間かけて進学する）、そして、上等小学が、同様に四年八級の八年制をとっていた。下等小学では一、二年の教科の一つとして「修身」が「修身口授《ぎょうぎのさとし》」として設置されていた。道徳を教える教科を「修身」と呼ぶのは、儒教の影響である。しかし、当時、用いられた教科書は、そのほとんどが、イギリスやアメリカの書物の翻訳であった。たとえば、イギリス人チャンブルの本を福沢諭吉が訳した『童蒙教草』や、サミュエル・スマイルズの本を中村正直が訳した『西国立志編』などが使われた。「修身」という言葉には縛られず、伝統的な儒教教育ではなくて、非常に開明的な政策がとられていたと言うことができる。

儒教派の巻き返し

その後、一八七九（明治一二）年八月に、天皇の名で「教学聖旨」が出された。これは、天皇の侍講であった儒学者の元田永孚《もとだながざね》が起草したものである。前半の「教学大旨」と後半の「小学条目二件」からなる。そこで説かれているのは、過度の西洋化を戒め、儒教をよりどころとしていかなければならないということである。

「教学聖旨」は、当時文部卿であった寺島宗国および内務卿の伊藤博文にまず示された。とくに意見が求められた伊藤は、「教育議」を提出して、教育に関する見解を奏上した。彼は、明治新政府の代弁者として、西洋の知識を導入しなければならない理由を奏上しているが、これに対して、元田は、さらに「教育議附議」を奏上して、自らの見解すなわち儒教主義的道徳観を明らかにしている。このあたりから儒教派の巻き返しが始まったと言うことができる。

教育令の制定

一八七九（明治一二）年九月には、「学制」が廃止され、代わって「教育令」が制定された。この教育令は、たとえば、就学年限、出席日数の短縮を認めるなど、小学校の設置に関してかなり自由な方針を有しており、当時の自由民権思想と結びつけられて、「自由教育令」と呼ばれている。しかし、これは、結果として小学校への入学者を減少させることとなり、教育を後退させるものであるとの批判もあって、翌一八八〇（明治一三）年十二月には改正された。この改正された教育令は「改正教育令」と呼ばれている。「教学聖旨」の考え方に基づく文教政策は、この一八八〇（明治一三）年から始まったとみることができる。

「自由教育令」では、「修身」は教科の一番最後に記されているが、「改正教育令」では、「修身」は一番最初に記されており、筆頭教科として重視されている。また、「改正教育令」が出された翌一八八一（明治一四）年五月には「小学校教則綱領」が出されているが、この教則綱領では「修身」と「歴史」を国民精神を育成するものとして特に重視している。そこには、「教学大旨」の理念が反映されている。また「小学条目二件」の趣旨に従って教育を実際生活に即応させる観点から、教科内容が編成されている。さらに同年七月の「中学校教則大綱」、同年八月の「師範学校教則大綱」においても、特に「修身」を重視し、教科の最初に「修身」を掲げている。また同年六月に当時の文部省より出された「小学教員心得」には、「教員たるものは殊に道徳の教育に力を用い」と記され、さらに、「皇室に忠にして国家を愛し父母に孝にして…」という具合に、忠君愛国を中心として儒教的な徳目を教えることが強調されている。

こうした儒教的な教育が確定的なものとなるのは、一八九〇（明治二三）年の「教育に関する勅語」いわゆる「教育勅語」の発布によってである。

二　「教育ニ関スル勅語」と国定教科書

「教育ニ関スル勅語」

「教育ニ関スル勅語」（「教育勅語」と略記する）は、特定の宗教・宗派に偏らず、漢学にも洋学にも偏らないように注意されて起草されたと伝えられている。しかし、内容を見ると、儒教的な色合いが強いと言うことができる。また、政治的な立場を超えた教育の指針であるとして、天皇の署名のみで、関係大臣の副署なしで発布されている。これは異例のことである。というのも、当時の憲法の第五五条では、「すべて法律勅令その他国務に関する詔勅は、国務大臣の副署を要す」と規定されていたからである。この「教育勅語」の謄本は各学校に配布され、式日には、奉読することが、当時の文部大臣芳川顕正によって訓示された。この「教育勅語」が、第二次世界大戦が終わるまで、日本人の精神的バックボーンとなったのである。

教育勅語の全文の現代語訳は次のとおりである。

教育に関する勅語

私が思うには、我が皇室の祖先が国を始められたのは、はるか遠い昔のことで、その徳は深く厚いものでした。我が国民は忠義と孝行を尽くし、全国民が心を一つにして、今日に至るまで、見事な成果をあげてきたことは、日本のすぐれたところであり、教育の根本もまた、ここにあります。

国民の皆さんは、子は親に孝行し、兄弟姉妹は仲良くし、夫婦は仲睦まじく、友人は互いに信じ合い、ひとにはうやうやしく自分の言動を慎み、すべて人々に愛を及ぼし、学問を修め、仕事を習い、それによって知能を開発し、徳行と器量を磨き上げ、さらに進んで、社会公共のために貢献し、また、世の中の務めを行い、憲法を重んじ、法律に従い、非常事態の発生の場合は、真心を捧げて、公のために奉仕し、それによって、永遠に続く皇室の運命を助けるようにしなさい。これらのことは、あなた方が忠義心の厚い善良な国民であるというだけでなく、あなた方の祖先が、今日まで残された伝統的美風を、ほめたたえることでもあります。

このような道は、我が皇室の祖先が残された教訓であり、その子孫と国民の皆さんが守らなければならないところであり、この教えは、昔も今も変わらぬ正しい道であり、また国の内外を問わず、間違いのないものです。私もまた国民の皆さんと共に、胸中に銘記して守り、皆が一致して立派な行いをしてゆくことを、心から念願するものです。

明治二十三年十月三十日　御名御璽

さまざまな現代語訳があるが、この訳文は、いくつかの訳文を参考にしながら私が訳したものである。適訳であるかどうかについては議論の余地があろうかと思うが、ここでは訳し方の問題には深入りしないことにする。

内村鑑三不敬事件と「文部省訓令第十二号」

一八九一（明治二四）年一月九日、第一高等中学校では、新年の授業開始にあたり、年末に受領したばかりの「教育勅語」の奉読式が行われることになった。教頭が「教育勅語」を奉読したあと、明治天皇の署名のある「教育勅語」への最敬礼が求められた。しかし、嘱託教員であった内村鑑三は、最敬礼を拒んだ。キリスト教徒であった彼にとっては、最敬礼は、キリスト教の神以外に捧げるべきものではなかったからである。これがキリスト教徒による「不敬事件」としてマスコミに取り上げられ、彼は職を解かれることになった。これが、いわゆる「内村鑑三不敬事件」である。

内村鑑三の場合は、教育勅語への最敬礼を宗教的なものとしてとらえ、キリスト教徒としての良心から拒否したのである。

その後、宗教に関する文部省からの通達として、一八九九（明治三二）年に「教育勅語」の取り扱いはそのままに、宗教と教育の分離に関する訓令「文部省訓令第十二号」が出されている。

この訓令は、学校で、宗教教育を行うことや宗教的な儀式を行うことを禁止するものである。現在の憲法でも、政教分離の原則は謳われているので、同じもののように思われるかもしれないが、現在の政教分離とは根本的に違う。それは、官立公立学校だけでなく、私立の学校でも宗教が禁止されたからである。キリスト教主義の私立学校などでは、宗教を捨てるか、あるいは、学校であることをやめるかの選択を迫られたようである。しかし、一方で、神道は宗教ではないとされ、「教育勅語」をはじめ、「修身」や「歴史」や「地理」などの教科の中では、神道が教え続けられていたのである。

教科書国定制度の成立

一九〇三（明治三六）年には、教科書国定制度が成立した。この制度が成立するまでに、民間の出版社が作成した教科書の採択をめぐって多くの贈収賄事件が起こっている。とくに、前年の一九〇二（明治三五）年十二月に起こった教科書事件は大規模なもので、二百人を超える被疑者が取り調べられたと伝えられている。当時の文部大臣菊池大麓は、翌年一月には、小学校の教科書を将来国定にすることを決め、その年の四月には、小学校令が改正されて、「小学校ノ教科用図書ハ文部省ニ於テ著作権ヲ有スルモノタルヘシ」と定められている。これをもって、教科書国定制度がスタートし、翌一九〇四（明治三七）年より、国定教科書の使用が開始された。

「修身」の教科書については、その後、太平洋戦争が終わって「修身」が禁止されるまでの間に四度の全面改定が行われている。いずれも「教育勅語」の趣旨に基づいて編纂されている。

第一期の「編纂要旨」によれば、人物を取り上げる人物基本主義と、徳目を順番に取り上げる徳目基本主義の両方の長所を合わせた方針を採ったということが記されている。教科書がつくられなかった一学年は別にして、各学年とも、最後に「復習」あるいは「締括」（あるいは、学年によっては「良い子ども」「よい日本人」）などの総括の章が設けられている。一学年については、「教授用掛図」がつくられ、教師がそれを見ながら講話するという形をとっている。

第二期になると、一学年用の教科書もつくられた。各学年とも、最後の章が、「よい子ども」あるいは「よい日本人」というタイトルになっている。これは、部分的には、第一期の教科書にも取り入れられているが、たとえばイギリスの人格形成教育がジェントルマンを一つの理想としているように、理想的な日本人のイメージをつくろうという発想で設けられたものである。

第三期には、児童用の修身教科書は口語文になる。これは、児童の理解を容易にしようとする工夫である。この時期は、大正デモクラシーの時期に重なっている。尋常小学校六年生用の巻六には、憲法に関する内容も取り上げられており、これもまた時代のにおいを感じさせるものと言うことができる。

第四期では、修身教科書の表紙が色刷りになっている。また、さし絵もカラーになっている。教材も、「児童の経験に即し、児童の心情に触れることに特に意を用いた」と記されている。だが同時に、厳しい時局に合わせて、巻一から天長節の説明などが取り上げられるようになっている。天長節は、天皇誕生の祝日のことである。巻一では、教科書に絵が描かれていて、それを教師が説明する形式になっている。

第一期から第四期までは、取り上げられている内容項目に、多少の変化はあるが、天皇に関するもの、親孝行に関するものなど共通するものもたくさんある。

大きな変化が見られるのは、第五期の教科書である。一九四一（昭和一六）年には、太平洋戦争が始まった。それに先だって、三月一日に小学校令が改正されて国民学校令が制定され、「小学校」は「国民学校」となった。これは、学校制度そのものが戦時体制に移ったということを意味している。こうした戦時体制への移行は、修身の教科書にも反映している。またこれまでの改訂では、「編纂趣意書」が出されていたが、四回目の改訂、すなわち、第五期教科書をつくる際の改訂では、「編纂趣意書」は出されず、教師用の書物の中で、編纂の趣意に触れられている。内容は、上級学年になるにつれて、古代神話や戦争への協力などが深まっていくようにつくられている。

三　戦後の道徳教育

ＧＨＱの政策

さて、次には、戦後の道徳教育について振り返ってみよう。一九四五(昭和二〇)年八月一五日、日本は無条件降伏の勧告を受け入れて、太平洋戦争が終わった。連合国軍総司令部(ＧＨＱ)は、教育に関するいくつかの指令を発したが、一九四五(昭和二〇)年一二月三一日に出された「修身、日本歴史及び地理停止に関する件」の指令もそのうちの一つである。この指令によって、修身、日本歴史、地理の教科書や教育課程、さらには、それにかかわる法令、規定、訓令などがすべて禁止された。その後、一九四六(昭和二一)年六月二九日には「地理」の再開が、同年一〇月一二日には「日本歴史」の再開がＧＨＱから許可された。しかし、「修身」の再開が許可されることはなかった。

終戦直後、修身教育に代わって、新しい民主主義的な道徳教育を担うと考えられたのは、「公民教育」である。一九四五(昭和二〇)年、公民教育刷新委員会が設置され、公民科の新設が提案された。また、翌一九四六(昭和二一)年には、公民科の教師向けの解説書である『国民学校公民教師用書』もつくられた。しかしながら、一九四七（昭和二二）年には、「教育基本法」が制定され、「教育勅語」の失効の決議もなされ、国民学校は廃止され、公民科は実現されることはなかった。

新しい学校制度のもとで、公民科に代わって設置されたのは「社会科」である。しかし、社会科が完全に道徳教育の代わりになるというわけでもなく、一九五〇（昭和二五）年八月に来日した第二次アメリカ教育使節団の報告書には、「道徳教育は、ただ、社会科だけからくるものだと考えるのはまったく無意味である。道徳教育は、全教育課程を通じて、力説されなければならない」と記されている。

結局のところ、戦後、現在のような形で「道徳の授業」が行われ始めたのは、一九五八（昭和三三）年のことである。それまでは、道徳教育は学校教育の全体を通して行うという全面主義がとられていたと言える。

道徳の時間の特設

一九五八（昭和三三）年八月二八日には、学校教育法施行規則の一部が改正されて、道徳の時間が特設された。そして、同日「小学校学習指導要領道徳編」および「中学校学習指導要領道徳編」が告示された。同年、学習指導要領が改訂されているが、その告示は一〇月一日である。八月に出された道徳の学習指導要領は、その改訂に先駆けて、新しく特設された道徳の時間に何を教えるのかということを明らかにするために、先行告示された。これはそのまま十月に告示された学習指導要領の中に再録されている。

さて、この一九五八（昭和三三）年の道徳の時間の特設は、戦後の道徳教育の歴史の中では最も重大な変化の一つであると言える。それ以前は、学校教育の全体で道徳教育を行うという全面主義がとられていたのだが、このときを境として、全面主義的な道徳教育を残しつつも、特設主義の道徳教育が始まったからである。

その後、一九六六（昭和四一年）一〇月には、中央教育審議会より、「後期中等教育の拡充整備について」の答申が出された。その別記として、「期待される人間像」というものが示されたが、そこに記された内容は、さまざまな議論を引き起こした。議論の的となったのは、たとえば、宗教的情操と結びつけられた「畏敬の念」や、「正しい愛国心をもつこと」や、「象徴に敬愛の念をもつこと」などである。ここに言う「象徴」とは、日本国憲法に記載された「日本国および日本国民統合の象徴としての天皇」

のことである。当時のマスコミ報道を確認すると、「天皇への敬愛と結びついた愛国心の復活」というような点への批判もあった。

最近の動向

さて、近年に眼を移せば、文部科学省は、二〇〇二（平成一四）年四月から使用できるように、前年度末に全国の小中学生全員に「心のノート」を配布した。これは、小学校版が、低学年、中学年、高学年の三種類、中学校版が一種類の四種類ある。この時点では道徳の時間は教科ではないので、教科書は存在せず、通常は副読本と呼ばれる補助教材を使用して授業が行われていた。この副読本は、複数の出版社が作成している。しかし、「心のノート」は、副読本と同様に、学習指導要領で規定された道徳の内容項目が順番に取り上げられているが、文部科学省が作成したものしか存在しない。二〇〇二年（平成一四年）四月二二日に文部科学省初等中等教育局長名で各都道府県教育委員会教育長宛に出された文書「十四文科初第一二五号」によれば、「心のノート」は、公式には教科書ではなく、従来から「道徳の時間」に使われていた副読本でもなく、「道徳教育の充実に資する補助教材」という位置づけになっている。その後、二〇一四（平成二六）年からは、「心のノート」、は全面改訂され「私たちの道徳」という名称で全小中学生に配布された。

この頃同時に、道徳教科化の議論が進められていた。二〇一三（平成二五）年一月には、政府内に教育再生実行会議が設置され、同年二月には、「いじめ問題等への対応について」と題する第一次提言が出された。そこには、五つの提言があったが、その最初のものが道徳の教科化であった。二つ目はいじめ対策の法律の制定であったが、法制定よりも先に道徳教科化が取り上げられているということは、いじめ防止に対して道徳教育に大きな期待が寄せられているととらえられる。その後、文部科学省内に設置された、道徳教育の充実に関する懇談会での審議を経て、二〇一四（平成二六）年には、中央教育審議会が「道徳に係る教育課程の改善等について」と題する答申を発した。これに基づいて小学校および中学校の学習指導要領の改訂が進められ、二〇一五（平成二七）年三月二十七日には、小中学校学習指導要領の改正の告示がなされ、小学校では、二〇一八（平成三〇）年度より、中学校では、二〇一九（平成三一）年度より、「特別の教科　道徳」が設置されることとなった。その後、学習指導要領は、二〇一七（平成二九）年三月に全面改訂されたが、「特別の教科　道徳」は、基本的には、二〇一五（平成二七）年のものが再録されている。

教科の条件は法律で定められているわけではないが、通常は、教科書があるということ、厳密な評価をするということ、中学校以上では専門の教員免許状があるということの三点を満たす必要があると考えられている。しかし、今回の教科化は、「特別の教科」としての設置である。教科書を作るということだけが確定され、他教科のような厳密な評価は行わず（とはいえ、まったく評価をしないというわけではない）、授業は学級担任が行うことになっている。

今回の教科化は、文科省によって「考え、議論する」道徳への転換と説明されている。従来より行われていた心情中心の授業だけでなく、問題解決的な学習や道徳的行為に関する体験的な学習などの導入も図られており、多面的・多角的なとらえ方を子どもたちにさせるように意図されている。これまで以上に多様な道徳教育のアプローチが認められているのである。

◉第三章

学習指導要領と道徳教育

一　学習指導要領の変遷

学習指導要領の役割

学習指導要領は、文部科学省から出されているもので、学校の教育課程の編成や、各教科、道徳や特別活動などのねらいや内容を定めたものである。小学校学習指導要領、中学校学習指導要領、高等学校学習指導要領、他にも養護学校の指導要領や幼稚園教育要領などがある。まず、学習指導要領の法的な位置づけについて確認しておこう。

学校教育法の第三三条には次のように記されている。すなわち、「小学校の教育課程に関する事項は、第二九条及び第三〇条の規程に従い、文部科学大臣が定める」。第四八条には、中学校の教育課程に関して同じ趣旨の条文がある。そして、それを受けて、文部科学省の省令である「学校教育法施行規則」の第五二条には、「小学校の教育課程については、この節に定めるもののほか、教育課程の基準として文部科学大臣が別に公示する小学校学習指導要領によるものとする」と記されている。中学校に関しては、同規則の第七四条に、同じ趣旨の記述がある。学習指導要領は、この法的な委任によって制定されている。したがって、学習指導要領は、法的な拘束力を持つと考えられている。

ここで、この問題に関連する判例を取り上げよう。

一九六一（昭和三六）年、北海道旭川市立の中学校において「全国中学校一斉学力調査」が実施された。その際、実力阻止に及んだ反対派の教師が公務執行妨害で起訴された。これは、旭川学力テスト事件と呼ばれている。この最高裁判決が、一九七六（昭和五六）年に出されているが、その中で、当時の中学校学習指導要領は、「全体としてみた場合、中学校における教育課程に関し、教育の機会均等の確保及び全国的な一定水準の維持の目的のために必要かつ合理的と認められる大綱的な遵守基準を設定したものとして、有効である」という趣旨のことが記されている。

また、「伝習館高校事件」の裁判では、教育関係法規に違反する授業をしたことなどを理由とする県立高等学校教諭に対する懲戒免職処分が、懲戒権者の裁量権の範囲を逸脱したものと言えるかどうかが争われた。最高裁では、「高等学校学習指導要領から逸脱する授業及び考査の出題をしたこと等を理由とする県立高等学校教諭に対する懲戒免職処分は、懲戒権者の裁量権の範囲を逸脱したものとはいえない」という趣旨の判決が出されている。

こうした判例から考えると、学習指導要領は、大綱的な基準、つまり、大枠に関しての基準であるにせよ、法的な拘束力を持つものとみなされていると言える。

しかし、教育法学の専門家たちの中には、「教師に教育の具体的な内容を決定する権利がある」との立場から、拘束力を否定する説を唱える者もいる。学習指導要領は、いわば、拘束力を持たない助言にすぎないということになる。また、旭川学力テストの判決の中にもあったように、「学習指導要領は大綱的基準でしかない、すなわち、概要を定めたものにすぎない」わけであるから、その立場から、大幅に教師の権限を認めようとする意見を唱える者もいる。

ところで、一九九八（平成一〇）年版の学習指導要領は、二〇〇三（平成一五）年に一部改正がなされたが、その際、「学校において特に必要がある場合には、第二章以下に示していない内容を加えて指導することができる」と記され、学習指導要領が最低基準を示すものであるとの考えが明示された。これは、内容の削減を図った一九九八年（平成一〇）年版の学習指導要領によって学力が低下したという批判に答えようとするものである。優秀な児童生徒には学習指導要領に記載されたこと以上のことを教えてもよいということになる。この最低基準説は、記載されていることはすべて教えなければならないとしても、それ以上のことを教えてもよいのであるから、ある意味、法的拘束力が弱まったと解釈できる。そのことは学校現場の自由裁量の範囲を拡大することになるので、価値観の多様化した社会において多様な教育の展開を望めるという意味で望ましいことだと言える。しかしながら、同時に、そのことが、過熱した受験競争を再び生み出すことがないように配慮することも必要だと言えよう。

この、文部科学省が提示した最低基準説は、その後の二〇〇八（平成二〇）年の学習指導要領改訂でも、二〇一七（平成二九）年三月の改訂でも維持されている。

小学校学習指導要領の変遷

さてそれではまず、小学校の学習指導要領の変遷を見てみよう。

学習指導要領は、一九四七（昭和二二）年に戦後最初のものが作成された。その後、一九五八（昭和三三年）に道徳の時間が特設されたこともあって、一九五八年の改訂のときから、「道徳」についての記載が始まった。その後は、約十年おきに改訂が進められ、道徳について記載された学習指導要領としては、二〇一七（平成二九）年版で七冊目になる。

最初の一九五八年版は、第三章が「道徳、特別活動および学校行事等」となっており、その次に改訂された一九六八（昭和四三）年版以降二〇〇八（平成二〇）年版までは、第三章は「道徳」とだけ記されている。「道徳」の「目標」と「内容」と、その他「指導計画作成や留意事項」が取り上げられているという大枠について変更はない。

ここではまず、小学校学習指導要領に記載された、道徳教育で教えるべき「内容」の変遷から取り上げよう。

一九五八（昭和三三）年版では、三六の内容項目が記載され、これらが四つの柱、すなわち、①主として日常生活の基本的行動様式に関する内容、②主として道徳的心情・

道徳的判断力に関する内容、③主として個性の伸長・創造的な生活態度に関する内容、④主として国家・社会の成員としての道徳的態度と実践意欲に関する内容、の四つに分類されている。ここでは「内容項目」という表現を用いたが、これは、たとえば、「親切」や「友情」や「正直」などのように、一つの語句として表現される「徳目」として掲げられているわけではない。それぞれは文章で表現されている。たとえば、最初の内容項目は、「生命を尊び、健康を増進し、安全の確保に務める」と表現されている。

一九六八（昭和四三）年版では、四つの柱が削除され、内容項目も三六項目から三二項目に整理されている。道徳の時間は、年間三五時間であるから、いくつかの項目を関連させて取り上げることは可能だったとはいえ、三六項目を網羅的に取り上げることの難しさから統合整理する方向で改訂が進められたととらえることができる。

次の一九七七（昭和五二）年版では、さらに二八項目に整理されている。

続く一九八九（平成元）年版では、四つの視点で内容項目が整理されている。その四つの視点は、①主として自分自身に関すること、②主として他の人とのかかわりに関すること、③主として自然や崇高なものとのかかわりに関すること、④主として集団や社会とのかかわりに関すること、の四つである。さらにこのときには、低学年、中学年、高学年が区別されるようになり、低学年一四項目、中学年一八項目、高学年二二項目が掲げられている。

一九九八（平成一〇）年版では、大きな変化はないが、低学年が一項目増やされて一五項目になった。増えたのは、「郷土の文化や生活に親しみ、愛着をもつ」という項目である。

二〇〇八（平成二〇年）年版では、低学年一六項目、中学年一八項目、高学年二二項目である。低学年が一つ増えた。それは、「働くことのよさを感じて、みんなのために働く」という内容項目である。文部科学省は、小学校においても、キャリア教育が必要だという主張をしているが、そうしたことも反映していると解釈できる。キャリア教育とは、社会人・職業人として自立していくことができるように支援する教育のことで、以前には、進路指導と呼ばれていたものがそれにあたる。しかし、進路指導は、従来主に、中学校三年生、高校三年生に対して、どこへ進学するか、どこへ就職するかということの指導として行われていたが、アルバイトで生計を立てているフリーターや、ニートと呼ばれる、学校にも行かず、職にもついていない若者の増加などを背景として、勤労観を育て、職業人として自律できるような教育が求められるようになり、それがキャリア教育と呼ばれている。

二〇一七（平成二九）年の改訂では、先に記したように、「道徳」の時間は、「特別の教科　道徳」になった。その内容については、後の「『特別の教科　道徳』の目標と内容」で取り上げるが、内容項目数は、低学年が一九項目、中学年が二〇項目、高学年が二二項目ある。

中学校学習指導要領の変遷

続いて、中学校学習指導要領の「内容」の変遷を見てみよう。

一九五八（昭和三三）年版は、小学校では四つの柱立てがあったが、中学校版では、それが三つになっている。それぞれは以下のように文章で表現されている。①日常生活の基本的な行動様式をよく理解し、これを習慣づけるとともに、時と所に応じて適切な言語、動作ができるようにしよう。②道徳的な判断力と心情を高め、それを対人関係の中に生かして、豊かな個性と創造的な生活態度を確立していこう。③民主的な社会および国家の成員として、必要な道徳性を発達させ、よりよい社会の建設に協力しよう。

一九六九（昭和四四）年版では、この三つの柱が削除され、内容項目は、一三項目に精選されている。さらにその一三の項目には、それぞれ二つの観点が示されている。

一九七七（昭和五二）年版では、一三の項目が新たに一六項目に再構成されている。さらに、配慮されるべき事項が、カッコ書きでつけ加えられている。

一九八九（平成元）年版では、小学校版と同様に、四つの視点、すなわち、①主として自分自身に関すること、②主として他の人とのかかわりに関すること、③主として自然や崇高なものとのかかわりに関すること、④主として集団や社会とのかかわりに関すること、が示され、全部で二二の内容項目が掲げられている。以前の版にあったカッコ書きはなくなっている。

一九九八（平成一〇）年版では、四つの視点はそのままで、内容項目が一つ増えている。これは、「法の精神の理解」や「義務の履行」といっしょになっていた「公徳心」が、別な項目として記されるようになったためである。

二〇〇八（平成二〇）年版では、さらに一つ増えて二四項目になっている。増えたのは、「多くの人々の善意や支えにより、日々の生活や現在の自分があることに感謝し、それにこたえる」という内容である。

二〇一七（平成二九）年の改訂では、先に記したように、「道徳」の時間は、「特別の教科　道徳」になった。その内容については、次項「『特別の教科　道徳』の目標と内容」で取り上げるが、項目数は二二項目ある。これらは、各学年においてすべて取り上げなければならないことになっている。

二　「特別の教科　道徳」の目標と内容

学校の教育活動全体を通じての道徳教育の目標

続いて、二〇一七（平成二九）年版の学習指導要領に基づいて、「特別の教科　道徳」の目標と内容について考えてみよう。

二〇一七（平成二九）年版の小学校学習指導要領では、道徳教育の目標は次のように記されている。

第一章総則の第一の二の（二）に示す道徳教育の目標に基づき、よりよく生きるための基盤となる道徳性を養うため、道徳的諸価値についての理解を基に、自己を見つめ、物事を多面的・多角的に考え、自己の生き方についての考えを深める学習を通して、道徳的な判断力、心情、実践意欲と態度を育てる。

これまでは、学校の教育活動全体を通じての道徳教育の目標も記されていたが、ここでは、「特別の教科　道徳」（以後、道徳科と略記する）の目標が記されている。それは端的にいえば、「道徳性を養う」ことである。以前は、「道徳性」以外に「道徳的実践力」という用語も用いられていたが、今回の改訂でこの用語は消えた。この「道徳的実践力」は、文部科学省から出ている指導要領の解説を見ると、「主として、道徳的心情、道徳的判断力、道徳的実践意欲と態度を包括するものである」と説明されていた。道徳的実践力に対して、「道徳性」は、それらに加えて、道徳的行為や習慣を含むものとされていた。ところが、これが混乱を生む。日常用語として考えると、道徳的行為や習慣は、「道徳的実践力」に含まれるように感じられるからである。そこで、今回、「道徳性」のみを使用することになった。

また、これまで「道徳的価値」と呼ばれていたものが、「道徳的諸価値」と、あえて複数形で表記されることになった。これは、場合によって道徳的価値同士が衝突することもありうるということを前提にしての修正である。たとえば、友情を大切にするあまり、友だちのために嘘をつくような場合、友情という価値と、嘘をついてはならないという道徳的な教えが衝突する。そうしたことも教えるようにとの考えに基づいている。当たり前のように思われるかもしれないが、これまで、道徳の時間では、一時間の授業で一つの道徳的価値を教えるのが原則とされてきたからである。

さらに、「多面的・多角的」という言葉も入った。道徳科の授業では、唯一の正解を教えるのではなく、多面的・多角的にとらえることができるように指導しなければならない。

「道徳的な判断力、心情、実践意欲と態度」という表現は、順番が変わった。これまでは、心情が最初であったが、今回は、判断力が最初に位置づけられている。こうした順番は実際の授業で取り上げる順番を示しているわけではない。しかし、この順番の変更には、心情のみを重視するのではなく、「考え、議論する」道徳へと転換するのだという主張が強く打ち出されていると言える。

中学校学習指導要領にも同様の目標が示されているが、異なる箇所が二つある。一つは、「多面的・多角的」の前に「広い視野から」と入っている。中学校では発達段階に応じて、より広い視野から考えさせる主旨である。また、「自分の生き方」という表現が「人間としての生き方」になっている。これも、発達を考慮して、小学校では自分事として考えてきたものを、人間としての生き方としてとらえさせようということである。

この目標の部分だけをみても、道徳教育を大きく変えようとする意図が見て取れる。新しい道徳科の授業は、きれいごとだけを教えて終わるのではない。葛藤し、答えが見つからないこともあるような状況で、考え、議論し、解決を模索し続ける能力を育むような道徳科授業が期待されているのである。

とはいえ、心情を教える教育が駄目だなどというわけではない。心情は、いわば、エネルギーを充填することにたとえることができる。そのエネルギーの向かう的を定めるのが判断力である。たとえば、戦争の悲惨な写真は、見るものの心を乱すが、その悲しみのエネルギーはさまざまな場所へ向かって放出される。あるひとは、「戦争なんてもうやめようよ」と言うかもしれないし、あるひとは「こんなひどいことをするやつらはやっつけてしまえ」と言うかもしれない。その方向性をコントロールするのが判断力だと考えられる。実践意欲や態度は、そのエネルギーの量をコントロールすることにたとえられよう。ここに言う「態度」は、いわば「心の構え」のようなものであって、外面的な行動を示しているわけではない。

先の引用文中に表記されている「第一章総則の第一の二の（二）」には、次のように、学校の教育活動全体を通じた道徳教育の目標が記されている。

道徳教育や体験活動、多様な表現や鑑賞の活動等を通して、豊かな心や創造性の涵養を目指した教育の充実に努めること。

学校における道徳教育は、特別の教科である道徳（以下「道徳科」という。）を要として学校の教育活動全体を通じて行うものであり、道徳科はもとより、各教科、外国語活動、総合的な学習の時間及び特別活動のそれぞれの特質に応じて、児童の発達の段階を考慮して、適切な指導を行うこと。

道徳教育は、教育基本法及び学校教育法に定められた教育の根本精神に基づき、自己の生き方を考え、主体的な判断の下に行動し、自立した人間として他者と共によりよく生きるための基盤となる道徳性を養うことを目標とすること。

道徳教育を進めるに当たっては、人間尊重の精神と生命に対する畏敬の念を家庭、学校、その他社会における具体的な生活の中に生かし、豊かな心をもち、伝統と文化を尊重し、それらを育んできた我が国と郷土を愛し、個性豊かな文化の創造を図るとともに、平和で民主的な国家及び社会の形成者として、公共の精神を尊び、社会及び国家の発展に努め、他国を尊重し、国際社会の平和と発展や環境の保全に貢献し未来を拓く主体性のある日本人の育成に資することとなるよう特に留意すること。

改訂前の学習指導要領でも、「総則」の中に道徳についての記述があった。これは、小学校、中学校だけでなく、道徳の時間が存在しない高等学校の学習指導要領にも、同様に総則の中に道徳教育についての記載がある。こうしたことは、学校教育の全体を通して道徳教育を重視していることの表れであると言えよう。

内容あるいは道徳的価値

「内容」に関して、二〇一七（平成二九）年版の学習指導要領では、以前と同様に四つの視点が示されているが、その順序に変更があり、番号もアルファベット記号に変更されている。その四つの視点とは、A主として自分自身に関すること、B主として人との関わりに関すること、C主として集団や社会との関わりに関すること、D主として生命や自然、崇高なものとの関わりに関すること、の四つである。この順序は取り上げる順番を示しているわけではないし、重要度を表しているわけでもない。ただし、そうではあっても、自分自身のことから始めて、他者や、社会集団とのかかわりに関する学びへ、さらには自然や崇高なものへと拡大していくような流れで理解できるように記されている。実際の授業で展開する際には、児童生徒の実態に合わせて、適切な時期に適切な内容項目を取り上げることが許されている。

四つの視点の中の第三の視点には、「崇高なものとのかかわり」という表現がある。これは、憲法第二〇条や教育基本法第一五条の「政教分離の原則」との関連で、取り上げにくい内容項目である。政教分離とは、国家権力と宗教の分離の原則である。たとえば、教育基本法第二〇条の第二項では、「国及び地方公共団体が設置する学校は、特定の宗教のための宗教教育その他宗教的活動をしてはならない」と規定されている。しかし、学習指導要領では、「崇高なものとのかかわり」が第三の視点で取り上げられる。たとえば、小学校高学年では、「人間の力を超えたものに対する畏敬の念をもつこと」という文言が記され、中学校では、「人間の力を超えたものに対する畏敬の念を深めること」という文言が記されている。これまでも、副読本の中に、この内容項目に関連する資料を探すと、自然の驚異であるとか、自然の美しさなどが取り上げられ、宗教的な説話を取り上げる場合でも、宗教色が消されていることが多かった。今後の道徳科授業の教科書でも類似の教材が準備されるであろう。

「畏敬」という言葉は、「おそれ・うやまう」と書く。人間が畏れると同時に敬う対象はそう多くはないだろう。そうした対象は、崇拝の対象にもなり、宗教的なものであるように私には思われる。たとえば、その対象が、自然の驚異や美しさであったとしても、畏敬の念を感じるほどのものだとすれば、そこに宗教的な対象となるべき要素が刷り込まれているのではないか。したがって、この内容については、国公立学校の道徳科授業において、どこまで教えることが許されるのか、さらに慎重な議論が必要であろう。

さて、内容項目は、従来とは異なり、内容項目を表す単語が示され、小学校学習指導要領ではその中に低学年、中学年、高学年の内容が順番に文章で表現されるという形になった。中学校学習指導要領では、学年の区分なしに表記されている。

一例として、友情についての内容項目を取り上げてみてみよう。〔友情、信頼〕と名付けられた内容項目は、「B主として人との関わりに関すること」に分類される項目である。

〔友情、信頼〕

〔第1学年及び第2学年〕

友達と仲よくし、助け合うこと。

〔第3学年及び第4学年〕

友達と互いに理解し、信頼し、助け合うこと。

〔第5学年及び第6学年〕

友達と互いに信頼し、学び合って友情を深め、異性についても理解しながら、人間関係を築いていくこと。

まず、低学年では、仲良くすることが示され、中学年では、信頼という言葉が入ってくる。高学年では、異性についての理解も入ってくる。発達段階に応じた内容項目となっている。さらに中学校では、より発展した形で「友情の尊さを理解して心から信頼できる友達をもち、互いに励まし合い、高め合うとともに、異性についての理解を深め、悩みや葛藤も経験しながら人間関係を深めていくこと」と記されている。

内容項目を端的に表現する用語は、これまでも学校現場で用いられている。ただし、それは、学習指導要領に記されたものではなく、副読本などで道徳的価値を短く表現する必要から「信頼友情」などと表記されていたにすぎない。今回の学習指導要領の改訂では、それが学習指導要領に明示されたのである。

内容に関して問題だと感じられる点をひとつ取り上げておきたい。小学校高学年のCの視点に「国際理解、国際親善」があり、「他国の人々や文化について理解し、日本人としての自覚をもって国際親善に努めること」と記されている。中学校の学習指導要領でも同様に、「世界の中の日本人としての自覚をもち、他国を尊重し、国際的な視野に立って、世界の平和と人類の発展に寄与すること」と記されている。気になるのは、「日本人としての自覚」という表現である。日本の国内で公教育を受ける児童生徒の中には、外国籍の子どももいる。そうした子どもたちにも、「日本人としての自覚」を強制することがここに記されているのであろうか。そうしたことに対する配慮がないとすれば、指導要領そのものが、そこに記されている「国際的視野」になど立っていないということになりはしないか。こうした言い方をすると、「日本の教育なのだから当たり前だ」というような反論があるかもしれない。あるいは、「あなたは愛国心をもっていないのか」というような批判もあるかもしれない。私は、愛国心そのものを否定するつもりはない。私は生まれ育ったふるさとも、今住んでいる地も、そして日本という国も大好きである。そう思うからこそ、外国の方々が、同じように自国をすばらしいと思う気持ちはよく理解できるし、日本は、そうした人たちをホスピタリティをもって迎え入れる国であってほしいと願うのである。

この問題は、じつは、学習指導要領の範囲を超えた問題である。教育に関する原則を定めた教育基本法において、教育は国民の育成を期して行うことになっているからである。今後、グローバル化という視点から、外国籍の子どもたちの教育をどうするのか、また、海外で教育を受ける日本人の教育をどう考えるのか、さらに議論が深まっていくことを期待したい。

三　指導計画の作成と内容の取扱い

全体計画と年間指導計画

指導計画の作成や、内容の取り扱いについても、学習指導要領には規定がある。「各学校においては、道徳教育の全体計画に基づき、各教科、外国語活動、総合的な学習の時間及び特別活動との関連を考慮しながら、道徳科の年間指導計画を作成するものとする」（小学校学習指導要領）と記されている。学校現場では、従来、道徳主任のような校務分掌が決められて年間指導計画などを立てることが多かったのだが、そうした役割を担う教師として、二〇〇八（平成二〇）年版から、「道徳教育推進教師」が明文化された。二〇一七（平成二九）年版では、内容の指導についても、「道徳教育推進教師を中心とした指導体制を充実すること」が謳われている。

全体計画の作成にあたっては、「児童、学校及び地域の実態を考慮して、学校の道徳教育の重点目標を設定する」ことや、「道徳の内容との関連を踏まえた」うえで、「各教科、外国語活動、総合的な学習の時間及び特別活動における指導の内容及び時期並びに家庭や地域社会との連携の方法を示すこと」が、「第一章　総則」において求められている。「外国語活動」は、小学校にのみ存在する表現である。中学校学習指導要領では、英語は、一教科として位置づけられている。細かな点での差異はあるものの、中学校についても基本的には同じことが述べられている。

道徳と各教科などとの連携に関しては、二〇〇八（平成二〇）年版以降の学習指導要領では、各教科の「指導計画の作成と内容の取扱い」の中に、道徳教育への言及がある。たとえば、算数のような、道徳教育との関連がイメージしにくい教科においても、つぎのように記されている。「第一章総則の第一の二に示す道徳教育の目標に基づき、道徳科などとの関連を考慮しながら、第三章道徳の第二に示す内容について、算数科の特質に応じて適切な指導をすること」。

内容の取扱い

その他にもいくつかの規定が定められている。授業は、原則として、学級担任が行うが、校長や教頭などの参加、他の教師との協力的な指導などについても、工夫するように求められている。さらには、保護者や地域の人びとの積極的な参加や協力についても謳われている。最近の学校現場では、ゲストティーチャーとして、地域のひとを招くという活動も多く見られる。ただし注意も必要である。ゲストティーチャーにすべてを任せきるのではなく、その授業では何をねらいとして、どのような話をゲストにしてもらうのかということは、担任教師がきちんと計画しなければならない。国語、社会、理科、算数、英語などの教科を教えるには、それなりの専門的知識が必要である。しかし、道徳教育においては、それぞれのひとがそれぞれの生き様を語ることによって、子どもの人格形成が促されるということもあるから、教育の専門家としての教師以外にも、さまざまな人びとの積極的な参加は望ましいことだと言えよう。

また、「情報モラルに関する指導を充実すること」も記されている。近年、さまざまな問題行動や、青少年を加害者や被害者とするような事件が、情報機器を介して起こっている。情報機器が悪いというのではなく、それを使う人間の側にも問題があると言える。そうした機器の使用にともなう情報モラルを子どもたちに学ばせることは、まさに喫緊の課題だと言ってよい。

ところで、教科化によって、道徳科にも教科書が準備されることになり、教師が独自に開発した教材は使いにくくなるはずだが、学習指導要領には「児童が問題意識をもって多面的・多角的に考えたり、感動を覚えたりするような充実した教材の開発や活用を行うこと」と記されている。明確な指示はないものの、一部の教材については、教科書の教材に代替して使用することが可能だと考えてよいであろう。

評価

さて、つぎには、評価の問題について考えてみよう。学習指導要領の「指導計画の作成と内容の取り扱い」の最後には、評価について次のような記載がある。「児童の学習状況や道徳性に係る成長の様子を継続的に把握し、指導に生かすよう努める必要がある。ただし、数値などによる評価は行わないものとする。」と記されている。中学校版でも「児童」が「生徒」と変えられているだけで、同じ文章がある。

文章表現としては、二〇〇八（平成二〇）年版の学習指導要領の表現と大きく異なるものではない。しかし、実際の学校現場では、大きく異なることになる。

これまでの道徳の時間では、児童に対する評価はまったく行われていない。ただし、日常の行動の記録は付けられている。学校教育法施行令および学校教育法施行規則では、学習及び健康の状況を記録した書類である「指導要録」を作成することが校長に義務づけられている。その「指導要録」の「指導に関する記録」の中に、「行動の記録」の欄があり、そこには次の一〇の項目がある。「基本的な生活習慣」「健康・体力の向上」「自主・自律」「責任感」「創意工夫」「思いやり・協力」「生命尊重・自然愛護」「勤労・奉仕」「公正・公平」「公共心・公徳心」である。これは中学校も同様である。記入の仕方については、文部科学省より発せられた通知の中に次のように記されている。「各教科、道徳、特別活動、総合的な学習の時間、その他学校生活全体にわたって認められる生徒の行動について、各項目ごとにその趣旨に照らして十分満足できる状況にあると判断される場合には、〇印を記入する。また、特に必要があれば、項目を追加して記入する」（一三文科初第一九三号平成一三年四月二七日）。しかし、この行動の記録は、道徳の時間に限った評価ではない。

ところが、「特別の教科　道徳」として教科化されることになったので、道徳科についても、小学校では二〇一八（平成三〇）年度から、中学校では二〇一九（平成三一）

年度から、「指導要録」に、行動の記録とは別に道徳科の評価が付けられることになる。その記録は、励ます個人内評価で、記述式で記されることになる。上に述べた一〇個の「行動の記録」の項目については、道徳科の評価とも内容的に関連するので、今後、新たに検討され修正されることになる。

「指導要録」の他に、学校には、通知表（通知簿など、さまざまな呼び名がある）がある。これによって生徒本人や保護者に成績等が伝えられる。通知表は、じつは法定表簿ではないので、作成するかどうかは任意であるが、「指導要録」の書式にならって作成されることが多い。したがって、多くの学校で、道徳科の評価についても、通知表に記されることになると予想される。

以上のように、道徳科の評価に関しては、二〇一七（平成二九）年版の学習指導要領の改訂は従来と大きな違いはないように見えながらも、じつは、評価が実際に行われるという点で、非常に大きな変化を生じさせることになる。

ところで、法定表簿にどのように記載するかという問題はいったん脇に置くとしても、道徳科授業の実践のためにも、子どもの道徳性の実態把握は必要である。それがわからなければ、今まさに子どもたちに必要とされている道徳教育を実施できないことになってしまうからである。しかし、道徳教育は、たんに知識を覚えればよいというようなものではないので、それをテストすることは難しいことである。仮に一〇〇点満点で評価したとしても、それにどのような意味があるのかと批判されることになるだろう。

評価には、一般に、授業前に行う診断的評価と、授業中の理解の度合いを見るための形成的評価と、授業後にその成果を確認するための総括的評価に分けることができる。道徳教育においても、どの段階の評価も必要である。しかし、数値による評価ができないとすれば、どのような手立てがあるのだろうか。考えられるのは、チェックリストとか、感想文とか、ノートに記された児童生徒の意見とか、日ごろの行動の変化の観察などである。

実は、数値による評価は行わないことになっているが、できないわけではない。たとえば、「HEART」とか、「HUMAN」とか、「フェアネスマインド」というような、道徳性検査が市販されている。それらを用いれば、全国平均からのずれも明らかになる。しかし、通常、そうした検査が用いられないのは、道徳性の育成には長い時間を必要とし、短期的な変化を見るのには適切ではないと考えられるからである。

むしろ、日ごろの子どもの変化を、観察をとおして教師が主観的にとらえることの方が重要な意味を持っていると言えよう。ちょうど、カウンセラーが来談者の微妙な変化を臨床的にとらえることができるのと同じように、数字で表すことのできない微妙な変化を教師がとらえることが必要とされると言ってよいだろう。

さて、以上のように、道徳教育を進めるにあたっては、学習指導要領の規定がある。その枠組みの中で、道徳教育の効果をいかに上げるかを考えることは大切なことであるが、一方で、その枠組みが本当に望ましいものかどうかも検討しなければならない。自律した子どもを育てるためには、教える側もまた自律的な人間でなければならないからである。

◉第四章

道徳性の発達と社会化

一　ピアジェの考え方

基本的な考え方

スイスの心理学者ジャン・ピアジェは、発生的認識論を唱えた。認識論というのは、人間がどのようにものごとを認識するかということを探究する学問分野である。古代ギリシアの時代より哲学者たちによって探究されてきた哲学の一分野である。しかし、従来の哲学的認識論は、大人の認識を取り扱うのみで、子どもが発達するにつれてものごとの認識の仕方をどう変化させるかについては十分な検討をしてこなかった。そこで、ピアジェは、発達に伴って変化する認識構造を探究の対象とする発生的認識論を唱えたのである。彼はさまざまな領域の認識を臨床的に探究した。そうした研究の一つとして、子どもの道徳性発達の研究にも取り組んだ。彼は、四歳から一二、一三歳の子どもたちの遊び、とくにマーブルゲーム（日本で言えば、おはじきのような遊び）を観察し、また、子どもたちに質問することで、規則の実践と規則の意識について、段階的な発達が想定されることを明らかにした。

規則の実践と意識の発達

まず、規則の実践に関しては、次の四段階を想定している。すなわち、①運動的個人的段階、②自己中心的段階（およそ二歳から五歳）、③協同が生まれる段階（およそ七、八歳）、④規則の制定化の段階（一一歳から一二歳）。年齢はおおよその目安である。

①の運動的個人的段階は、純粋に自動的で個人的な段階で、自分の思うがままにマーブルで遊ぶという段階である。②の自己中心的段階では、規則の例を模倣するが、自分流に利用するだけで、友だちと一緒にいても自分ひとりで遊んでいるという段階である。③の協同が生まれる段階では、友だちに勝とうとする。④の規則の制定化の段階では、真に規則を尊重するという態度が見られるようになる。

規則の意識については、子どもたちが規則をどのような性質のものとしてとらえているかを探究した結果、次の三段階が想定されるとしている。すなわち、①個人的な規則しかない段階、②規則を絶対的なものととらえている段階（四歳から九歳まで）、③規則を変えることができると考えている段階（一〇歳以降）。①の段階では規則は強制力を持たない。②の段階では、規則は大人から与えられるもので、絶対的なものととらえられている。③の段階では、規則は相互の合意に基づくもので、合意のもとで修正可能なものと考えられるようになる。

こうした考察から、ピアジェは、道徳には、大人から与えられて拘束力を持つ「拘束の道徳」と、自分たちで修正可能な「協同の道徳」の二種類があると想定する。これは、それぞれが「他律の道徳」と「自律の道徳」につながるものであり、ピアジェの発達論では、基本的には、他律から自律へと発達すると考えられている。しかし、他律が自律への発達を促すのではなくて、協同によって自律が生まれてくると考えられている

どちらがより悪いか

また、ピアジェは、「過失」「盗み」「虚言」の話を使って、拘束の道徳から協同の

道徳への展開の究明を行っている。たとえば、次のような二つの例話を提示して、どちらがより悪いと思うかを、子どもたちに尋ねるのである。皆さんはどちらがより悪いと考えるであろうか。

A　ジャンという小さい男の子がいました。食事に呼ばれて食堂へ入っていきます。ところが、扉の後に椅子があり、その椅子の上にお盆があって、お盆にはコップが一五個載せてありました。ジャンは、いきおいよくドアを開けたので、一五個のコップがすべて落ちて割れてしまいました。

B　アンリという小さい男の子がいました。ある日、お母さんの留守中に、戸棚のジャムを食べようとしました。ところが、戸棚が高すぎて手が届きません。無理に取ろうとしたとき、傍らの一つのコップに手がふれて、落ちて割れてしまいました。

（ピアジェ、一九七七年、一四六頁。引用に際して短く改訳した。）

Aでは、一五個もコップが割れたが、Bでは一つしか割れていない。しかし、何をしようとしていたのかその動機を問題にすると、Bの方がより悪い行動だと言えそうである。ピアジェの研究結果では、一〇歳までの子どもでは、Aがより悪いと判断する者もいれば、Bがより悪いと判断する子どももいる。しかし、年齢が増すにつれて、物質的結果に基づいて判断する子どもの数は減ると報告されている。つまり、結果による判断から動機による判断へと発達していく、と考えられる。

単純に考えると、子どもは、他者の心の内面まで推測することができないので、動機ではなく結果を基に考えてしまうと思われよう。しかし、ピアジェはこの報告を記した書物の中で、大人の影響ではないかという解釈を匂わせている。一見したところ、大人は、動機による判断をするわけであるから、大人の影響で、結果による判断が多くなっているというのは理解しがたいことである。

けれども、私たちは、自分の行動を反省してみると、じっくり考えて道徳的判断を下した場合の答えと、目の前で子どもがコップを割ったときの反応とでは、違っているということはないだろうか。一五個もコップが割れると、とっさに叱りつけてしまうということはないだろうか。実は、ピアジェはこの点についてははっきりとは述べていないが、日頃の大人の行動を観察するとそうした解釈は大いに成立しそうだと思われる。しかし、学問的には、こうした解釈の正否については、今後解明すべき課題であろう。

こうしたピアジェの研究をさらに発展させたのが、次に取り上げるアメリカの心理学者ローレンス・コールバーグである。

二　コールバーグの考え方

ハインツのジレンマ

コールバーグは、二つの選択肢のどちらを選んでいいか判断に迷うようなジレンマ資料を提示して、人びとがどのように反応するかを世界各地で調査した。彼が調査の際に用いたジレンマ資料の一例として、ハインツのジレンマがある。以下のような内容である。

ハインツの奥さんが病気で亡くなりかけています。ハインツは、医者から、ある薬で助かるかもしれないと聞かされます。そこで、ハインツは、その薬を買いに行くのですが、値段が高くて買えません。負けてくれるように頼んでも、薬屋は「私がその薬を発見しました。私はそれでお金もうけをしようと思っているのです」と言って、負けてくれません。そこで、その夜、ハインツは薬屋の倉庫に盗みに入りました。あなたは、ハインツのとった行為に賛成ですか、反対ですか。

このジレンマ資料を用いた調査において、コールバーグが注目したのは、その理由づけである。実は、賛成と答えても反対と答えても、そのこと自体は道徳性の発達とは関係がない。重要なのは、なぜそう考えるのかという理由づけなのである。たとえば、ハインツのジレンマに賛成と答える場合でも、奥さんが亡くなると掃除洗濯をしてくれるひとがいなくなるので困るからという理由を示すひともいるかもしれない。また、ひとの命は、盗みをしてはいけないという規則を守ることよりももっと大切なことなのだという理由を示すひともいるかもしれない。この二つの理由づけでは、常識的な観点から判断しても、多くのひとが、前者の方が道徳性が低いと判断するのではないだろうか。コールバーグも、この理由づけに注目して整理した結果、三水準六段階の道徳性発達段階があると考えたのである。

道徳性の発達段階

まず、第一水準として前慣習的水準、第二水準として慣習的水準、第三水準として後慣習的水準（慣習以降の水準）がある。そして各水準がそれぞれ二つの段階に分けられることで六段階が想定されることになる。

各段階の内容は次のようなものである。

第一段階は、罰と服従の志向の段階である。この段階では、罰が与えられるから悪いことだとか、お父さんが言ったからやってはいけないと判断をする。

第二段階は、道具主義的相対主義志向の段階である。この段階では、何かの役に立てばそれは正しいことだという判断をする。したがって、同じことがらが、ある場合には正しくて、別な場合には正しくないというような、相対主義的な判断を下すことになる。

第三段階は、よい子志向の段階である。この段階では、周囲からよい子だと思われるような判断をする。

第四段階は、法と秩序志向の段階である。この段階では、法律を守ることや社会秩序を維持することは、絶対に正しいことだというような判断をする。

第五段階は、社会契約的法律志向の段階である。この段階では、法もまた人間のためにあるのであって、法が不都合な場合には、合議を経て修正できると考えるようになる。つまり、社会契約的な発想で法をとらえることができるようになる。

第六段階は、普遍的倫理的原理志向の段階である。この段階では、法で定められているかどうかは問題ではない。より普遍的な道徳的原理が内面に打ち立てられていて、その原理に従って判断する。

この発達段階の特色として、次のようなことをあげることができる。まず、この発達段階は普遍的なものと考えられている。つまり、時代や地域の違い、文化、社会、宗教、国家の違いを超えて、普遍的に当てはまると考えられている。次に、それぞれの段階は統合的なものとみなされている。たとえば友情に関しては第二段階で考えるが、正義の問題を考えるときは第三段階で考えるというようなことはない、ということである。つまり、第二段階の子どもは、いろいろな問題に関して常に第二段階で判断理由づけを行うと考えられている。さらに発達段階の順序は不変なものと考えられている。つまり、第一段階、第二段階、第三段階という順番で発達していくのであって、逆行したり、途中段階を飛ばしたりはしない、ということである。

研究の特色とその後の展開

コールバーグの研究の特色として、心理学的事実の探究と、倫理学的規範性の探究との融合を試みていると言うことができる。「…である」ということ、すなわち事実から、「…すべきだ」ということ、すなわち当為を導き出すことは、倫理学では、「自然主義的誤謬」と名づけられて、誤りであるとされている。しかし、コールバーグはそのことを理解したうえで、あえて自然主義的誤謬を犯している。そうしなければ、規範性をともなった道徳性の発達段階を提示できないからである。

さて、こうしたコールバーグの道徳性発達理論は、認知発達論という名称で呼ばれることもある。それは、認知的側面に焦点化して道徳性発達をとらえるからである。人間の精神の働きを区分する際に、認知的（cognitive）、感情的（affective）、意志的（conative）

という三区分が用いられることがあるが、コールバーグの理論は、感情や意志のレベルではなくて、認知的側面に焦点化しており、そうした点に、西洋的な理性中心主義を見て取ることもできよう。それに比べると、日本の道徳教育は、きわめて感情的、心情的なものだと言うことができる。感動させることで、子どもの心を動かそうとしていると言ってもよいだろう。だからこそ、日本の道徳教育に欠けている、こうした理性の光に照らして判断するという道徳教育が必要だと言えるのではないだろうか。

三　発達研究の課題

ケアリング倫理からの批判

コールバーグ理論に対しては、批判もある。そのうちの一つとしてケア論の立場からの批判を取り上げることにしよう。

コールバーグの発達段階説に基づいて、男女の性差を比べると、同世代の男性が第四段階へと発達する場合でも、女性は第三段階に止まる傾向が強いということが明らかになっている。したがって、コールバーグは、女性の道徳性発達段階は低いという結論を出している。しかしながら、女性の心理学者、キャロル・ギリガンは、これに対して、異議を申し立てた。彼女の考えでは、女性は道徳性が低いのではなく、コールバーグの理論の方に問題がある。なぜなら、コールバーグの理論は、男性の道徳性発達を中心にして組み立てられているからである。

コールバーグの道徳性発達段階説では、より普遍的な原理に訴えて理由づけをするということが、望ましいことだと考えられている。その頂点にあると考えられるのは、正義の原理である。西洋の倫理思想においては、この正義の概念がつねに中心的なテーマとして議論されてきたと言うことができる。しかし、ギリガンの考えによれば、女性は、「責任とケアの原理」に基づいて行動するのである。責任というのは応答の責任である。具体的な他者がいて、そのひとに対して応答し、そのひとをケアするというこどが行動の一つの原理となっていると考えられているのである。これは、きわめて質の高い行動原理だと考えられるが、コールバーグの理論では、第三段階のよい子志向の段階ととらえられてしまう危険性がある。

このケアは、女性的なものとみなされているわけだが、実は、これは、西洋的なものと日本的なものとの違いとしてとらえることもできる。私たち、日本の文化の中で生まれ育った者にとっては、ケアという概念は、日本語に訳しにくい概念であるにもかかわらず、実は身近なものだと感じられる。それは、思いやりにも似た概念だからである。日本の文化の中では、何が正義かという観点からある不道徳な行為を罰するということよりも、基準をあいまいなままにしてうやむやのままに許してしまうということの方が多いと考えられる。そしてそれが、他者に対する思いやりとしてとらえられることになっているようである。善悪正邪を峻別する文化の視点からみると、なんといいかげんなことだということになるだろうが、しかし、こうした考え方は、原理を優先するよりは、関係性を優先する倫理として大きな意味を持っているとも言えるだろう。アメリカの文化人類学者ルーズ・ベネディクトは、その著書『菊と刀』の中で、欧米の文化を罪の文化とし、日本文化を恥の文化としてとらえたが、こうしたとらえ方も、個人が内面化した普遍的な道徳原理によって自らの行動を律する欧米の倫理観と、他者との関係性を優先する日本の倫理観との違いを表していて、正義とケアの対立に似た構図を示していると解釈できる。ベネディクトは、罪の文化のほうが優れていると考えていたようだが、西洋の文化の中にも、実は関係性を優先するような倫理観があるということが、ケアをめぐる考察の中で、ようやく気づかれたと言えるのではないだろうか。

ところで、ギリガンは、心理学者の視点からケアの段階的な発達を主張したのだが、これをさらに徹底して、段階的な発達という発想そのものをも否定しようとしたのが、女性の教育哲学者ネル・ノディングズである。

ノディングズは、ケアしケアされる関係をケアリングという言葉で表現しているが、その一つの典型例として、母親と子どもの関係、すなわち、母子関係をあげている。母子関係を考えてみると、そこには、母親は赤ちゃんのために生きているとでも言わんばかりの親密な関係性が見て取れる。たとえば、母親が、泣いている赤ちゃんを抱え上げ、ミルクがほしいのか、おしめがしめっているのか、といろいろなことを考えるとき、その脳裏から他の事柄は消え去っているだろう。そこでは、母親は、赤ちゃんに、いわば、「専心没頭」している。この専心没頭は、ケアリングを説明する際の一つのキーワードである。もう一つ、「動機の転移」というキーワードもある。普通に考えれば、行動の動機はその行動をするひとの中にあるわけだが、「動機の転移」は、あるひとの行動が、別なひとの思いによって誘発されるという事態を指している。この言葉は、比喩的な表現としてとらえるしかないのではないかと考えられるが、ケアする行為が、小さな子どもの「助けて欲しい」という思いによって誘発されるというようなことは常識的に考えてもありそうなことではある。

さて、先に述べたような、母親の我が子に対するケアは、通常は、ケアしたいという自然な感情の発露によって行われる。これをノディングズは、「自然なケアリング」と呼んでいる。しかし、実は、母子関係においてさえも、そうした感情がわかないことはありうることだし、ましてや見ず知らずのひとに対しては、自然なケアリングなど行われることはあまりないと言えよう。しかしながら、それでも、道徳的な観点からすれば、ケアすることが求められるのであり、そうしたケアリングを、ノディングズは「倫理的なケアリング」と呼んでいる。

そのように考えると、学校教育に求められるのは、自然なケアリングをいかにして倫理的なケアリングへとつなぐか、ということになるであろう。今ここでは、ケアという言葉とケアリングという言葉の両方を用いているが、基本的には同じ意味である。ただ、ギリガンは、ケアという言葉を用いているが、ノディングズはケアリングという言葉を多用している。またノディングズの場合は、ケアしケアされる双方向性の関係を、その言葉に含ませているようである。

さて、ギリガンやノディングズの指摘する性差は、生得的なものと考えるべきではない。というのも、それは、生物学的な性差というよりは、ジェンダー、すなわち、社会的文化的な性差の問題だとも考えられるからである。歴史的に見れば、たしかに、男性の倫理、女性の倫理という区別が成立するが、しかし、本来、二つの倫理は、男性にも、女性にも必要なものだと考えることができる。

発達のきっかけ

ところで、発達は、どのようなことをきっかけとして起こるのだろうか。日本の道徳教育では、道徳的価値の自覚、すなわち道徳的価値を子どもたちに伝達し、子どもたちがそれを内面化することで道徳性が育まれていくと考えられている。しかし、コールバーグは、道徳的価値の伝達を、道徳性発達とは関係がないものとみなしている。彼にとって道徳は教えられない。ただ、認知的刺激を与えることによって、認知構造の変化を促し、それが道徳性の発達段階を上げることになるということにすぎない。

コールバーグの理論に基づくモラルジレンマ授業の場合で言えば、その刺激は、級友たちの議論である。コールバーグの想定では、自分で考えれば、たとえば第二段階の答えしか出せない子どもも、第三段階の子どもたちの理由づけは理解できる。「あっ、そうだ。そう考えればいいんだ」というような気づきが起こるのである。その繰り返しによって、発達段階が一段階上に引き上げられるということになる。

先に取り上げたピアジェの場合は、同化と調節という概念によって認知図式の変化が説明される。以前から持っている図式に当てはまる情報は、そのまま同化されるが、うまく同化できない情報が入ってくると、認知の図式のものを調整して変化させる

こうした点を、発達と社会的なかかわりの両面に配慮してうまく説明しているのが、旧ソビエト連邦の心理学者レフ・ヴィゴツキーの考え方である。ヴィゴツキーによれば、発達水準には、子どもが独力で解決可能な水準と大人あるいは集団の援助によって解決可能な水準（これは最近接領域と呼ばれている）がある。この最近接領域に大人や他者が働きかけることによって、個人の成熟を待たずに認知的な発達が遂げられると考えられている。

その他の発達論

イギリスの宗教教育学者ノーマン・ブルは、社会律の段階を加えた発達段階を唱え

ている。彼の考えでは、①道徳以前の段階、②他律の段階、③社会律の段階、①自律の段階の順番で発達していく。

社会律は、ピアジェの考え方の中にはなかったものであるが、ブルは、調査結果に基づいて、友人関係の中に見られるギブアンドテイクを基本とするような単純な相互性から愛他的な自律が生まれるわけではないと考える。つまり、友だちとの関係性の中で生まれる協同の道徳から自律が生まれてくるわけではないと考えるのである。ブルは次のように述べる。「ピアジェが彼の検査を約一二歳で終わりにしなかったら、彼は自分の提出する理論のあやまりにきっと気づいたに違いない」(ブル、一九七七年、五六頁)。ピアジェは、一二、一三歳までの子どもしか調べなかったということが、彼の理論のあやまりの原因だとブルは指摘しているのである。

さらに興味深いのは、ブルは、他律がどの段階でも残っていると考えている点である。先にコールバーグ理論の段階の特色を説明する際に、「統合的」ということを述べた。ある特定の段階の子どもは、常にその段階で判断するという意味で使った。もちろん、統合という概念は、下位の段階を統合して上位の段階へと発達するという意味をも含むもので、そうした場合、下位の段階の判断も考慮されて上位の段階で判断するというように考えられる。しかし、ブルが、常に他律が残っているというのは、きわめて高度な発達段階に到達したひとも、ときには、他律的な判断をするという意味なのである。たとえば、自律的な判断のできるひとが、高速度道路で、「このあたりでは、スピード違反の取り締まりをしていることがあるので、罰せられないようにスピードを落とそう」と考えるような場合がある。これは、罰が与えられるからという理由による判断であるから、あまり高度ではない判断だと言える。しかし、こうした判断をするというのは、私たちの日常生活の中でよくあることだ。常に他律が残っているという主張は、私たちの生活の実態によく当てはまると言えよう。

ところで、他律から自律へという発達の流れは、多くの研究者の意見の一致するところであるが、しかし、こうした主張を逆転させるような発想もないわけではない。たとえば、アメリカの教育哲学者フィリップ・フェニックスは、他律と自律を説明する際に、無道徳、自律、他律、目的律という順番で説明を行っている。この最後の目的律というのは、卓越性への志向であり、「信仰の冒険としての道徳的営み」であると言われる。この概念は、神学者ポール・ティリッヒの神律、すなわち神の掟としての神律にヒントを得たものである。ティリッヒは、自律と他律、それらを超えるものとしての神律を取り上げている。フェニックスやティリッヒの考え方は、とらえようによっては、自己中心的な段階から、外部の拘束性を受け入れるという方向への発達を示していると言うことができる。彼らの主張が信仰の問題と絡んでいて、政教分離の原則のある日本の公教育の中では取り上げられにくいという点は、ここではいったん脇へ置いておくことにしよう。しかし、その場合でも、こうした発想は、個人の発達を超えて、外部的なものとの関係において発達をとらえざるをえないという点に気づかせてくれる。つまり、人間は社会的動物であり、集団の中で生きているわけであるから、自由な自己決定や自律を得られたからといって、社会的な規範から完全に解放されるというわけではない。こうした問題を考えるときに思い浮かぶのは、中国の偉大な思想家孔子の言葉である。孔子は、「七〇にして心の欲する所に従いて、矩を超えず」(『論語』為政篇)と言った。「七〇歳になって、自分が心に思うことをそのまま行っても、道徳の規範から外れることはないようになった」という意味である。これは、外部からの拘束と、内面的な欲求が一体化している状態であり、いわば他律と自律が調和しているような状態だととらえることができる。しかし、それは、外部の社会的規範が完全に内面化されたということであって、究極の他律であるととらえることはできないだろうか。フランスの社会学者エミール・デュルケムは、道徳を個人の外部にあって個人を拘束する「社会的事実」ととらえた。そうした観点からはいえば、道徳的発達とは、その社会的事実を内面化する道徳的社会化(moral socialization)にすぎないということになる。ここで簡単に正解を出すことはできないが、道徳性の発達を研究するということは、そうした多様な見方をも考慮して行わなければならない。

道徳性発達研究の課題

さて、ここで、もうひとつ、発達研究の難しさを示す研究課題に触れておこう。それは、発達段階の事実性と規範性の問題である。ピアジェやコールバーグは、心理学的な研究によって、道徳性発達の諸段階を、事実として明るみに出した。それが正しいとしても、では、なぜ私たちはその発達段階に従って、子どもたちを教育しなければならないのだろうか。その段階は事実として存在するのだとしても、それを矯正して別な方向へと子どもたちを向かわせることも可能である。にもかかわらず、私たちは、その発達段階に従って発達を促進させることを望ましいとみなしているのである。

つまり、その発達段階を規範として、それに従って教育を行うのである。

この問題については、少なくともコールバーグは強く意識していたととらえることができる。そのことは先に、コールバーグが、心理学的事実の探究と倫理学的規範性の探究との融合を試みているという点を指摘することで、説明した。けれども、これは、彼の理論の特徴としてのみ言及されるべきことではなくて、教育との関連において発達研究が取り上げられるときに、かならず触れられることになる課題であると言える。そしてそこからさらに言えることは、発達研究は心理学的な事実の解明だけではすまないということである。そこには、哲学や倫理学など、規範を論じる視点が求められることになる。

四　道徳的社会化

社会化と教育との関係

教育の営みは、子どもの本来持っているよい性質を伸ばすことであるとするロマン主義的な考え方と、知的遺産を次世代へ伝えることであるとする伝統主義的な考え方を両極端とし、両者の混合体として説明されることが多い。後者の考え方では、教育は社会化にほかならない。

社会化とは、辞書的な定義で言えば、「①諸個人間の相互作用により社会が形成される過程、②個人が集団の成員として適合するようになること、③私的な形態から社会的共同的な形態に変えること」(『広辞苑』第五版、岩波書店)と説明されるが、ここで取り上げる社会化とは、「個人が集団の成員として適合するようになること」を意味している。

フランスの社会学者エミール・デュルケムは、教育を方法的社会化としてとらえる。彼は次のように言う。「教育とは、社会生活において、まだ成熟していない世代に対して成人世代によって行使される作用である。教育の目的は子どもに対して全体としての政治社会が、また子どもがとくに予定されている特殊的環境が要求する一定の肉体的、知的および道徳的状態を子どもの中に発現させ、発達させることにある」(デュルケム、一九七六年、五八－五九頁)。つまり、「教育は未成年者の体系的社会化である」(デュルケム、一九六四年、五九頁)。体系的社会化は、方法的社会化と訳される場合もある。

こうしたとらえ方は、もちろん道徳教育にもあてはまる。デュルケムは、道徳を、個人の外部にあって個人を拘束するものとしてとらえる。すなわち、社会学的視点から言えば、道徳は社会的事実なのである。デュルケムは、「われわれは社会的存在である範囲においてのみ、道徳的存在でありうる」（デュルケム、一九六四年、九九頁）とさえ述べている。道徳教育によって道徳的存在となるためには、自らを社会的存在としてとらえるということがまず求められるのである。

他の動物と比較すると、個体の力という点では、人間は必ずしも一番優れているわけではない。しかし、その人間という種が、現在これだけたくさん地球上に生存している理由の一つとして、社会集団をつくり、古い世代の経験を新しい世代に伝えていくことができるという点を指摘できるだろう。そうした意味で、社会化は、学校教育にかぎらず、人間の生存にとって重要な要因なのである。

第一章でも確認したように道徳の語源的な意味から判断すれば、道徳とは、習慣や風習や慣習などを意味している。アメリカの社会学者ウィリアム・グラハム・サムナーは、そのような原初的で無意識的な自然発生的な慣習のようなものを「フォークウェイズ」と名づけている。これは、「人びとの生き方」というような意味である。人びとが行為を反復させることから生まれ、強い強制力を持たない行動様式である。フォークウェイズは、ある世界観に対してあらゆる利害関心を満足させる「正しい」

方法であり、また必ず「真」である、と言われる。それが、伝統的方法だからであり、集団が持っている世界観を表しているものだからである。このような真と正しさという要素が、社会の福祉という教義にまで発展すると、フォークウェイズはもう一つ別の局面へと高められ、「モーレス」と名づけられる。つまり、モーレスは、ある程度の強制力を持ったフォークウェイズである。多くの場合、それは、行ってはいけないということを指示しているタブーから成り立っている。そして、制度や法律は、このモーレスから生じる。

こうした説明は、自然発生的な慣習から、道徳や法律が生まれてくるプロセスを明らかにしているが、同時に、道徳は社会的なものだという点に目を向けさせるものとなっている。

さて、道徳が社会的事実としてとらえられるとしても、倫理学や心理学等で言及される人間の内面的善さとしての道徳性との関係はどのようにとらえられるのであろうか。たとえば、ドイツの哲学者イマニュエル・カントは、適法性と道徳性を区別してとらえる。行為が適法的であるということは外面的に判断できるが、行為が道徳的であるかどうかは、それが善い意志を動機としていなければならないがゆえに、外面的には判断できない。もし、道徳を個人の外部にあるものとみなせば、つまり、社会規範が道徳であるとみなせば、カントの言う適法性のみが取り上げられるということになり、カントの言う道徳性にまでつながらないのではないか。結果として、真の道徳教育につながらないと言えるのではないか。こうした問題を考えるために、デュルケムが社会学者としてどのような道徳教育の方法を提案しているのかを見てみよう。

デュルケムの道徳教育論

ここでは、デュルケムの著書『道徳教育論』に基づいて彼の道徳教育論を取り上げる。この書物は、二部構成になっており、第一部では、「道徳性の諸要素」が、第二部では「道徳性の諸要素を子どもの内部に確立する方法」が示されている。

彼の言う道徳性の諸要素とは、①規律の精神、②社会集団への愛着、③意志の自律である。

規律の精神は、「あらゆる道徳性の第一義的な基本心性」であると言われ、その二つの側面として規則性の感覚と権威の感覚が示される。規律は、個人の行動に規則性を実現する。堅固な習慣が形成されれば、規則性は実現されるが、しかし、習慣が内面的力であるのに対して、規則は、本来個人の外部にあるものである。したがって、個人の修正を受けつけるようなものではないし、外側から、ある意味押しつけられねばならない。そのような意味で、もう一つの側面である権威が意味を有するのである。

社会集団への愛着は、道徳を個人の外部にあって個人を拘束するものとみなす立場からは、当然求められることである。その社会集団の三局面として、彼は、家族、国家、人類の三つをあげている。

より上位にあるのは人類であるが、人類は実際には社会として構成化されていないので、彼は、国家を現実的な社会集団とみなしている。しかし、デュルケムが現在のような高度情報化社会に生きていたら、どう考えたであろうか。人類を現実的な社会集団として想定できたのではないかと私は思う。

最後に、意志の自律があげられる。私たちは道徳規則に対してはきわめて受動的である。それが個人の外部にあって個人を拘束するものだからである。しかし、デュルケムは、「われわれが規則を自発的に欲することによって演ずる積極的役割のために、この受動性は同時に能動性へと転化する」（デュルケム、一九六四年、一五六頁）と言う。自由意志による受容がきわめて重要な要素として示されるのである。

デュルケムが説く道徳教育の方法は、道徳性の諸要素をいかに育てるかという観点で考えられている。たとえば、子どもは規律の精神が欠けているので、それを育むために、子どもの生得的性質を利用する。具体的には、「子どもの伝統主義」と「暗示」と「罰」である。

彼の言う「伝統主義」とは、ある種のこだわりである。子どもは、もちろん移り気な面も持ち合わせているが、強いこだわりを見せる部分もある。そのこだわりを利用する。

「暗示」ということで言及されているのは、子どもの生得的な被暗示性（暗示へのかかりやすさ）である。大人のちょっとした一言で、子どもは考えを変えてしまうことがある。

「罰」は、デュルケムにとって、規則違反を防ぐための手段ではなく、また犯した罪を償うためのものでもない。それは、規則がそれを犯すものに対して自己主張し、受けた攻撃力に対抗しうるだけの力を示して、相手に立ち向かうということである。言い換えれば、規則違反という行為は、その違反者が実際にどう考えていようと、「その規則を破ってもよい」という主張になっているととらえることができる。が、その主張を打ち消して、この規則は守られねばならないということを主張するために罰が与えられるのである。ただし、デュルケムは、体罰を容認していない。

この「罰」についての考え方は、個人の行為が社会的な意味を有すると考える点で、フランスの実存哲学者ジャン＝ポール・サルトルの「アンガージュマン（社会参加）」という概念を想起させる。道徳が社会集団とのかかわりの中でとらえられるとデュルケムは考えるのであるから、規則違反の行為も含めてあらゆる道徳的行為が、常に社会的意味を有するというのは当然のことだと言えるのかもしれない。罰は、規則違反行為の社会的意味に対する規則の側からの異議申し立てということである。

二つ目の構成要素である集団への愛着に関しては、愛他主義が取り上げられている。愛他主義と利己主義は、正反対のもののように見えるが、その方向性が異なるだけで、快の性質は同じだと考える。したがって、その子どもが属している、あるいは、将来属する社会集団についての観念を与えることが、利己主義を愛他主義へと導く方法となる。デュルケムの『道徳教育論』では、その他、学校環境の影響、科学教育、芸術的陶冶、歴史教育が取り上げられているが、第三の構成要素である自律を育む方法については言及されていない。

社会化と発達

デュルケムの立場は、道徳を社会的なものとみなす立場に立っている。この立場では、どれだけ社会的な規範や価値を内面化したかということが道徳的成熟の基準になる。これに対して、たとえば先に取り上げたコールバーグの道徳性発達論では、認知構造の変化が発達とみなされるから、どれだけ普遍的な原理に訴えて理由づけしたかが成熟の基準となり、社会的価値の伝達は道徳的成熟とは関係がないことになる。この両者の関係はどのようにとらえればよいのであろうか。

社会学者の山村賢明は、社会化と他の類似概念を区別するに際して、インプットの側から見るかアウトプットの側から見るかという視点と、個体の変化を他者などとの社会的関係として見るか個体内のこととして見るかという視点をクロスさせてとらえている。そうした見方で言えば、社会化は、インプットの側から社会的関係としてとらえたものであり、発達はアウトプットの側から個体内のこととしてとらえたものである。一言で言えば、見ている側面が異なるということである。

現実の道徳教育論を考える上では、両者はともに、道徳あるいは道徳性の特定の側面に焦点を当てたのだと考えるべきであろう。デュルケムの立場について言えば、自律という概念に言及している点が、認知発達論的な道徳的成熟へとつながる可能性を残していると言えるのではないか。コールバーグの立場について言えば、彼は、後にジャストコミュニティ・アプローチという集団生活を前提にした道徳教育のアプローチを提案したが、こうしたアプローチは、道徳教育を進める上で集団の役割を重要視している。デュルケム的な発想に近づいていると言えるのではないか。

先ほど言及した適法性と道徳性の関連で言えば、デュルケムの発想では、適法性が中心にならざるをえないが、自律という概念を取り入れる中に、内面的な道徳性の育成の問題を見て取ることも可能だということである。

五　インカルケーションという立場

インドクトリネーションとインカルケーション

社会化という観点で道徳教育をとらえると、教育方法としては主として教え込みのスタイルをとることになる。教え込みは、インドクトリネーションあるいはインカルケーションと言われる。インドクトリネーションという言葉は、悪いニュアンスで用いられることが多いので、教え込みを道徳教育の中核的な方法だと考える立場では、一般に、インカルケーションという用語が使われている。

インドクトリネーションは、子どもの状態がどうであれ教え込むという立場を意味する言葉として用いられる。たとえば、特定の組織が、自分たちに都合のよいことを教え込もうとするとき、「それはインドクトリネーションだ」と批判されることになる。それに対して、インカルケーションでは、民主的な価値を吟味した上で、子どもたちの主体性を尊重し、教え込む。子ども自身が、教え込まれた価値を吟味することも許される。

道徳的社会化の立場では、おそらく、インドクトリネーションもインカルケーションも可能である。けれども、道徳を社会的事実としてとらえるデュルケムでさえも、意志の自律を想定せざるをえなかったのである。今の時代に、子どもの主体的な選択を抜きにして道徳教育をインドクトリネーションの立場で展開することは、不可能だと言えるのではないだろうか。少なくとも、そうした試みは、民主主義的な観点から批判されることであろう。

しかし、道徳を完全に個人の内なるものとしてとらえることも、完全に外面的なものとしてとらえるのと同様に、不可能である。そういう意味では、道徳教育は、外部の価値の教え込みという部分を残さざるをえない。そうであれば、子どもが十分に理性的能力を発達させた後には、内面的な反省によって、教え込まれた価値を吟味できるということを保証した上で、教え込むというやり方をとらざるをえないように思われる。つまり、インカルケーションの立場をとらざるをえない。

通常は、インカルケーションという用語が用いられていなくても、多くの道徳教育の方法がこの概念に分類される。たとえば、日本の道徳授業も、道徳的価値の教え込みを行うのであるから、インカルケーションの立場に立っている。アメリカでは、以前には、道徳性発達論と価値明確化とインカルケーションが価値教育（道徳教育）の三大潮流と言われていたが、現在では、キャラクター・エデュケーションが主流だと言われている。これもまたインカルケーションの立場に立つものである。

アメリカでベストセラーになった書物に、ウィリアム・ベネットの編集した『道徳読本』（『魔法の糸』〈実務教育出版〉というタイトルで抄訳本が出ている）がある。これは、道徳の説話・寓話を集めて徳目ごとに分類したもので、日本の道徳の時間に使用されている副読本を何冊もまとめたような書物である。こうした書物がベストセラーになるというところに、キャラクター・エデュケーションが主流になるアメリカの世相が見てとれる。

道徳的社会化あるいはその具体的な教育方法としてのインカルケーションの立場では、どの価値を教えるのかということが大きな問題となる。もちろん、民主主義的な観点から見て、だれもが社会にとって必要だと認める価値が選ばれねばならないわけであるが、しかし、実際問題として、そうした立場を唱える複数の団体のそれぞれが取り上げる価値が、異なっているのである。たとえば、先にあげたベネットの書物では、一〇個の価値項目（あるいは徳目）が掲げられている。すなわち、自己規律、同情、責任感、友情、仕事、勇気、忍耐、正直、忠誠心、信仰心である。ここには、アメリカを象徴する自由という項目がない。また、信仰心という項目がある。こうした点について、すべてのひとが納得するだろうか。おそらく議論が起こるにちがいない。一つの社会集団の中にも多様な価値観があるということが、こうした立場に対する大きな障害となる。

第二部

道徳授業の方法

第五章

伝統主義的アプローチ

一 さまざまな授業方法

理性・感性・行動

道徳性は多様な側面を有するので、道徳性を育む方法もまた多様である。たとえば、理性的な能力を伸ばすようなものもあれば、感性に訴えかけるものもある。また行動の指導から入るようなものもある。ここではまず、人間の精神の働きを、理性と感性とに区分し、それに行動を加えて三区分で道徳教育の方法をとらえてみよう。

図1のように子どもの成長にともなって、どのような指導法をどの程度用いるかは変化させていく必要がある。幼いころには、理性的な能力は十分には発達していない

ので、感性に訴えかけ、豊かな感情体験をさせることと、行動面での指導、すなわちしつけが求められる。しかし、成長にともなって理性的な能力が発達していくので、今度は、学んだことを自らが反省的に検討してみることが求められるようになる。

感性面に訴えかける授業方法としては、感動資料を用いた授業がある。小学校の道徳授業で実際に用いられている資料の多くは、感動資料とまでは言えないとしても、心情面に訴えかけるものが非常に多い。たとえば、浜田広介の「泣いた赤おに」をその典型として取り上げることができる。他にも、ロールプレイング（役割演技）を用いて心の動きを体験させるような手法は感性面での耕しにつながる。再現構成法で用いられているような

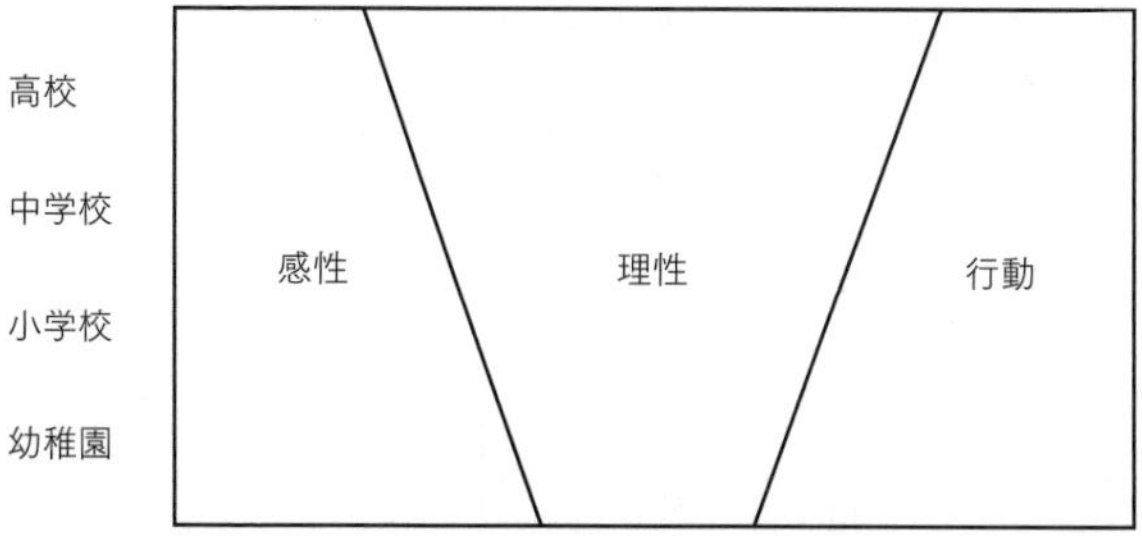

図1　子どもの成長と重点領域

語り聞かせを中心とする手法も、最終的には道徳的価値に気づかせることをねらっているとはいえ、やはり、心情面へ訴える部分が強いと言える。

理性面へのアプローチの手法としては、討論型の授業をあげることができる。たとえば、二つの選択肢のどちらを選んでいいかわからないような価値葛藤資料を用いて討論するモラルジレンマ授業は、そうした手法の一例である。

行動面の指導は、従来、道徳の時間の指導としては行われてはいなかった。道徳の時間は、人間の内面性の形成をねらいとしているからである。しかし、内面的な道徳性の形成が、行動にまったくつながらないとしたら、それは、道徳教育としては十分なものではないということになるだろう。道徳の時間と連動させて、さまざまな場面で行動の指導をすることが望まれるのである。最近では、ソーシャルスキルトレーニングやライフスキル教育などのスキルトレーニング系の教育プログラムが、学級活動などの時間に行われている。しかし、そうしたトレーニングを道徳の時間に実施すると「これは道徳の時間にやるべきことではない」と批判されることもある。そうした点を反省して、最近では、道徳性の育成とのつながりを仕組んだモラルスキルトレーニングのプログラムも提案されている。

伝統主義と進歩主義

第一章でも言及したが、道徳教育の方法は、伝統主義と進歩主義とロマン主義という三区分でとらえることもできる。伝統主義は、社会的な規範や慣習を伝達するという立場である。その立場では、道徳的価値が教え込まれる。学習指導要領の言葉で言えば、「道徳的価値の自覚」が行われる。ロマン主義は、子どもの中にある道徳性の芽をそのまま伸ばしていこうと考える立場である。その中間に、両方の側面を有する進歩主義がある。道徳には社会的な側面があり、現実問題としては、そうした側面を教え込むという部分を残さざるをえないので、完全なロマン主義は考えにくい。そこで実際の授業方法の分類としては、伝統主義と進歩主義の二区分になるであろう。進歩主義では、子どもたちの主体性を尊重して、「道徳的価値の自覚」を促しながらも、「道徳的価値の創造」が目指されると言えよう。

伝統主義には、現在学校で行われているオーソドックスな道徳授業が分類される。進歩主義には、モラルジレンマ授業、価値明確化の授業、スキルトレーニングや構成的グループエンカウンターを取り入れた道徳授業などが分類される。

ところで、文科省に設置された「道徳教育に係る評価等の在り方に関する専門家会議」は、二〇一六（平成二八）年七月二二日に「特別の教科　道徳」の指導方法・評価等について（報告）」という報告書を出した。その末尾に付けられた「別紙二」において、質の高い多様な指導方法の例として、①読み物教材への登場人物への自我関与が中心の学習、②問題解決的な学習、③道徳的行為に関する体験的な学習、の三つをあげている。これらを、伝統主義と進歩主義という二区分にあてはめれば、①が伝統主義的アプローチに、②と③が進歩主義的アプローチに分類できる。

二　伝統主義

基本的な考え方

伝統主義の立場では、教え込みという方法を採ることになる。第四章でも言及したように、教え込みを表現する言葉には、インドクトリネーションとインカルケーションとがある。インドクトリネーションは、子どもの状態への配慮もせずに、教える側にとって都合のよいことを教え込むというような意味で使用される。それに対して、インカルケーションは、民主主義的な観点から見て望ましい価値を、子どもの主体性を尊重しながら教え込むということを意味する。「教え込む」と表現すると批判しているかのように感じられるかもしれないが、教育には必要なことである。大切なことは、どのような配慮のもとで教え込むかである。

指導案と進め方

伝統主義的なアプローチの授業はどのように展開されるのであろうか。ここでは、授業の設計図とも言うべき指導案を取り上げることにしよう。道徳の時間の指導案は、形式が定められているわけではないが、おおむね次頁のようなスタイルで書かれることが多い。ここに示す指導案は、私が、説明のために、実際に行われた複数の授業指導案をもとに書き直したものである。授業で取り上げる資料は、複数の副読本に収録されている浜田広介の「泣いた赤おに」である。この資料は、小学校で複数の学年にまたがって使用されているが、ここでは、三年生を念頭において書いた。友情の大切さを伝えながらも、心情面での耕しをねらった授業展開になっている。指導案には、他に、児童生徒の様子や、主題設定の理由などを記すこともある。

一般に、指導過程は、「導入、展開、終末」という流れになる。他に、「気づく、広

○○小学校3年1組　授業者　○○　○○

1．主題名　ほんとうの友だち（内容項目　B　友情、信頼）

2．資料名　泣いた赤おに（浜田広介作）

3．ねらい　友だちと互いに理解し、信頼し、助け合おうとする気持ちを育てる。

4．展開の大要

	学習活動と主な発問	予想される児童の反応	留意点
導入	1．友だちがいてよかったと思った体験を発表する。 「友達がいてよかったと思ったことはありますか」「それはどんなときですか」	「困ったときに助けてくれた」	・手があがらないときは教師の体験を語り、発言を促がす。
展開	2．教材「泣いた赤おに」を読む。 「登場人物はだれですか」	「赤おに」「青おに」「人間」	・子ども達が内容を理解しているかどうか確認する。
	3．赤おにの気持ちを考える 「赤おにはどんな気持ちで立札を壊したのでしょうか」 「青おにが村であばれたとき、赤おにはどんな気持ちだったでしょうか」 「村のひとたちが家にきてくれたとき、どんな気持ちだったのでしょうか」 「青おにの手紙を読んだとき、赤おにはどんなことを思ったのでしょうか」	「人間なんて大きらいだ」 「乱暴はやめようよ」「そんなことしちゃだめだよと思った」 「仲良くなれてよかった」「うれしい」 「もどってきてほしい」「青おにはほんとうにいい友だちだ」「悲しい」	・赤おにが、すばらしい友だちがいたことに気づいたことにも気づかせたい。
	4．ワークシートに、友達にしてあげたいことを書く。 「みなさんは、これから友だちにどんなことをしてあげたいですか。書いてみましょう。」		・自我関与させ、自分事として考えさせる。
終末	5．教師の話を聞く。		・自分もよい友達をつくりたいという気持ちをもたせたい。

表1　伝統的なアプローチの指導略案例

げる、まとめる」とか、「つかむ、広げる、あたためる」というような表現を用いる場合もある。

導入部分では、授業のねらいと関連する身近な体験を振り返らせる。

展開部分で、教材に入る。資料の提示の仕方は、全員で読んだり、特定の子どもに読ませたり、教師が読み上げたり、事前に録音してきたものを聞かせたりする。教師自身が事前録音するのでは教師が読むのと違いはないように思われるかもしれないが、違いはある。教師がその場で読み上げれば、その間、教師の目は子どもたちから離れるが、録音を使えば、そうしたことはない。低学年では、絵を使って紙芝居風に提示したりすることもある。その後、登場人物の気持ちを考えながら、教材を理解し、ねらいとする価値に気づかせる。

終末で、資料から離れて、ねらいとする道徳的価値にかかわる教師の説話を行う。

道徳授業の基本形

道徳の授業公開では、新しいやり方、独創的なやり方に取り組むことが多く、オーソドックスなスタイルの授業が公開されることは少ないように感じられる。「せっかく公開するのだから、いつもとは違った新しい独創的なやり方でやろう」ということになるのであろう。しかし、学校現場では、これまで、通常は副読本の教材を使って、こうした流れで授業を組むことが多かった。

こうした伝統主義的な授業を重視する教師からは、「これが道徳教育の基本形である」との声も聞かれる。

大学生が、教育実習の際に道徳の授業を担当することがある。私は、そうした学生から相談を受けることがあるが、このオーソドックスなスタイルで授業を行うことを勧めている。私もまた、これが基本形であると考えるからである。

教科化後も、このスタイルは、一つの授業方法として継続的に使用されるであろう。これは、先に上げた「①読み物教材への登場人物への自我関与が中心の学習」にあたる。ただ、注意しなければならないのは、自我関与が今まで以上に強く求められているという点である。従来の授業でも、展開の後段に、自己を振り返らせる「価値の一般化」あるいは「価値の主体的自覚」と呼ばれるステップを取り入れることがあった。道徳的価値を自分事として考えさせるステップである。今後は、このステップが重要なものとして位置付けられることになるであろう。先の指導案にもそのステップを入れてある。このステップにおいて書く活動を入れることは重要である。子どもたちの学びを評価する資料になるからである。

長所と問題点

道徳教育が社会的規範の内面化を目指すものであると考えるなら、道徳的価値の伝達をねらいとする伝統主義的アプローチがもっとも効果的な授業方法だと言える。また、教師の思いを直接に伝えることのできる方法でもある。また、この授業スタイルでは、心情面に訴えかけながら、道徳的価値の自覚を促すことが多く、力のある教師が実施すると、ときに、子どもたちが感極まって泣き出すというようなことも起こる。それは、価値の伝達という部分によるというよりは、心情面に訴えるという手法によって起こるのだが、そうしたことも、日本で実施されている伝統主義的アプローチの長所と言って差し支えないであろう。

原理的なレベルでの最大の問題は、だれの価値を教えるのかということについての決定手続きが存在しないことである。しかし、これは実践レベルでは問題ではない。というのも、教えるべき内容は、学習指導要領で定められているからである。

実践レベルでの最大の問題は、推測ゲームになってしまう危険性があるということであろう。つまり、授業では、子どもは、教師が何を教えたいと思っているのかを推測し、教師の期待に応えて発言するが、その内容はまったく身についていないということが起こりやすい。たとえば、授業では、「先生は友情が大事だと伝えたいのだ」と推測し、教師の質問に「友情は大事だ」と答えるが、しかし、次の休み時間には教室内でいじめが行われるというような事態が起こりうるということである。こうしたことでは、友情の大切さを教えようとした授業で、結果としては、本音と建て前の使い分けを教えることになってしまう。

さて、授業実践がイメージできたであろうか。次章で取り上げる指導案とも比較しながら、日本で行われている伝統主義的な授業の特色をつかんでいただきたい。

◉第六章

進歩主義的アプローチ

一　モラルジレンマ授業

基本的な考え方

モラルジレンマ授業は、第四章で取り上げたコールバーグの道徳性発達論の考え方から生じた道徳授業の方法である。二つの選択肢のどちらを選ぶのがよいのか判断に迷う資料（モラルジレンマ資料）を子どもたちに提示して、全員で議論をするという形の授業である。

コールバーグの考えに従えば、ある段階で判断の理由づけをする子どもは、自ら考えるとその段階でしか理由づけができないのだが、ひとから説明されると、もう一段階上の理由づけを理解できる。したがって、一つ上の段階の理由づけに触れさせれば、発達段階を一段階上に引き上げることができると考える。そのためには、道徳の授業でジレンマ資料について議論させ、一つ上の段階の理由づけに触れさせることが望ましい。こうしたやり方を「プラス1方略」と呼ぶことがある。

コールバーグにとっては、道徳性の発達は、道徳的判断の理由づけの変化によって説明される。どのような内容を教えるかは問題ではない。したがって、道徳的価値を教える日本の道徳授業のやり方にはなじまない面がある。しかし、この点については、授業実施に際しては、日本の実情に合わせて変更が加えられている。コールバーグに従えば、道徳教育の目的は、道徳性を一段階上に上げるということであるが、日本の実践では、学習指導要領に記された内容項目をジレンマ討論を通じて教えるというスタイルになっている。

指導案と進め方

日本で、コールバーグ理論に基づくモラルジレンマ授業の研究にいち早く取り組み、継続して実践研究を続けているのは、荒木紀幸を中心とする研究グループである。

そのグループの提案する授業スタイルは、一つの資料を使って二時間で授業を展開する形式のものである。

一時間目は、①資料をいくつかの部分に区分し、内容を確認しながら読み進める「立ち止まり読み」をし、②第一次判断理由づけを行う。

二時間目は、①内容の確認をし、②モラルディスカッション１（相互の批判吟味）をし、③モラルディスカッション２（練り合わせ）をし、④第二次判断理由づけを行う。授業の最後は、正解を示さずに終わる。これをオープンエンドと言う。

通常、道徳の時間は、週一回しかないので、二時間で授業を行うと、特別編成の時間割を組まなければ、二時間目は一週間後になってしまう。しかし、そうした場合でも、資料内容については子どもたちは忘れないと言われている。それは、モラルジレンマ資料を用いることで、完了していないものは忘却されにくいというツァイガルニック効果が生じるからである。

指導案を次頁に示す。これは、私が、中学二年生を対象に行った飛び入り授業の指導案である。内容項目は、新しい学習指導要領に合わせて修正してある。一時間で行うスタイルになっている。資料は、大きな会社の事務所に泥棒に入り一〇万円を盗んだ太郎と、困っている人を助けてくれるといううわさのある老人に嘘をついて一〇万

授業者　林　泰成

日時　平成○○年○月○日　　場所　○○中学校　学年　2年生（男子12名、女子12名）

資料名　「どっちが悪い？」（コールバーグ原作、荒木紀幸編『続　道徳教育はこうすればおもしろい』北大路書房、1997年より）

内容項目　C〔遵法精神、公徳心〕、C〔公正公平、社会正義〕

ねらい　盗みとうそを比較するジレンマ資料を用いて、規範についての省察を促し、法や決まりの意義を理解し、遵守することの大切さに気づかせる。

指導過程

	学習活動	教師の指示 (T) と予想され反応 (S)	教師の支援
導入	・日頃の自分の行動を振り返る。	T「みなさんはルール違反をしたことはないですか」 S「あるよ」「ないよ」	・反省を促すが、その中身を説明することは求めない。
展開	・資料を読んで状況を把握する。	T「太郎は何をしましたか」 T「次郎は何をしましたか」	・資料に描かれた状況を理解させる。
	・第1次判断理由づけを行う。 ・自分の立場を表明する。	T「太郎と次郎とではどちらがより悪いと思いますか。ワークシートに記入してください」 太郎が悪い　　名 次郎が悪い　　名	・第1次判断理由づけをワークシートに記入させる。 ・それぞれの立場の人数を確認し伝える。
	・それぞれの理由を発表する。	T「なぜそう考えるのですか」 S「盗みをすれば捕まるから」 S「人をだませば信頼されなくなって損をするから」	・理由を板書しながら整理する。
	・反対意見の理由について質問する。	T「相手側の意見に質問があるひとは手をあげてください」	・質疑応答を促す。
	・グループで検討する。 ・全体で検討する。	T「グループで話合いましょう」 T「もう一度全体で話し合いましょう」	・3人程度のグループで話し合いをさせ、それを受けて、全体で再度議論する。
	・第2次判断理由づけを行う。 ・自分の立場を表明する。	T「ではもう一度、判断理由づけを書きましょう」 T「立場が変わったひとはいますか。なぜ変わったのでしょうか」	・それぞれの立場の人数を確認する。 ・立場を変えた生徒にその理由を説明させる。 ・ワークシートに記入する。
終末	・教師の話を聞く。		・この問題には答えがないことを伝える。

表2　モラルジレンマ授業の指導略案例

円をだまし取った次郎のどちらがより悪いかというものである。通常のジレンマ授業では、「主人公はどうすべきか」と問うことで、望ましい選択肢を選ばせるが、この授業実施の際には担任教師と相談して、このジレンマ資料を選び、より悪いと思われる選択肢を選ばせた。

長所と問題点

多くの道徳授業では、子どもたちは、教師の考えていることを推量し、教師が望んでいるような答えを出してくれる。そこには、子どもたちの本心はなく、道徳教育は、結局のところ、本音と建て前の使い分けを教えることになってしまう。しかし、モラルジレンマ授業は、答えがないジレンマについて議論するため、本音と建て前を使い分ける必要がなくなり、議論はおおいに盛り上がる。こうした点は長所と言える。

けれども、同時にそれは問題点でもある。日本の道徳教育では、学習指導要領によって教えるべき道徳的価値の内容が決められている。もちろん、たとえば、友情という価値を教える場合でもその具体的な内容まで記されているわけではない。しかし、どちらでもよいというオープンエンドスタイルは、道徳的価値の教え込みを中心とする授業としては十分なものとは言えないだろう。また、指導要領の規定は別にしても、たとえば、いじめ問題や生命尊重など、親や教師として、「こんなことをしてはだめだよ」ときちんと教えたいことがらもあると考えられる。

二　価値明確化の授業

基本的な考え方

価値明確化は、アメリカで、ラス、ハーミン、サイモンらによって唱えられた価値教育のやり方である。ひとことで言えば、個人が持っている価値に気づかせるという方法をとる。道徳教育の基本が社会的規範の教え込みにあると考える立場からすれば、これは、道徳教育としてはきわめて異質なものと見えるかもしれない。というのも、明確化される価値はかならずしも道徳的価値である必要はないからである。個人の好みのようなものが価値として意識されることになる。しかしながら、価値観が多様化した社会においては、個人の主体的な価値選択を大切にするという視点は重視されなければならない。

個性というものを考えてみれば、それは個人の価値選択の積み重ねによって構成されているとも言える。たとえば、白い服が好きだとか、コーヒーよりも紅茶が好きだとか、スポーツカーよりRV車のほうが好みであるとか、そういったことは、一見したところ、外面的なことで個人の内面性とはかかわりがないと見えるのだけれども、他者に認識されるその人らしさというものは、そうしたことの積み重ねでしかない。

だが、この考え方の問題点は、倫理的相対主義に陥る危険性があるということである。もちろん、文化によって価値観が異なるというような文化的相対主義のような考え方を認めることは大切なことであるし、また、個人の思考にかかわる領域の問題であれば、一文化圏内においてさえも個人個人がまったく違った好みを持っていても問題はない。しかし、倫理的な問題に関しては、ある一定の原理を絶対的なものとして認めないと、社会秩序さえ維持できなくなる。

こうしたことがあるため、価値明確化を唱える者たちも、一定の価値基準を示している。たとえば、ラスは、①尊重し大切にする、②みんなの前で自分の考えを表現する、③選択肢を考える、④各々の選択肢の結果について考える、⑤自由に選択する、⑥行う、⑦繰り返し一貫して行い続ける、という七つの基準を示している。好きなものなら何でもよいというわけではなく、この七つを満たすものが価値として認められるということである。

しかし、たとえば、アドルフ・ヒトラーによって第二次大戦中に行われたユダヤ人の大量虐殺という事態が、この基準によって価値から排除できるかどうかは検討の余地があるだろう。排除できるかどうかは別にして、こうした基準を提示せざるをえないということは、価値明確化を道徳教育の方法としてとらえるとき、やはりどこかで価値の教え込みの部分を残さざるをえないと考えられているのだと言える。つまり、現代の民主的な社会の一般的な常識として、私たちは、ヒトラーの信念を排除できるような基準をつくろうとする。だが、そうした基準をきちんとつくろうとすればするほど、その試みは価値明確化の特色を損なうことになる。

しかしここでは、なにも価値明確化を道徳教育の唯一の方法としてとらえているわけではないから、価値の教え込みは他のやり方で行うとして、ここでは、個人の主体的な価値選択によって、個人個人の持っている価値に気づかせる方法としてのみとらえることにしよう。そうしたことは価値観の多様化した社会においてはとても重要なことだと考えられるからである。

指導案と進め方

価値明確化の道徳授業が指導方法として用いるのは、主として、対話すること、書くこと、討論することである。

対話は、おおぜいの子どもを対象にする授業の場合でも、一対一の関係において行われるのが基本である。特にこの立場では、価値は個人個人によって違って当たり前と考えるのであるから、一人ひとりに話しかけることで、できるだけ、子ども自身が自らの価値を振り返ることができるように促すことが大切である。

書くことは、自らの考えをまとめるのに有効な方法であるが、この立場では「価値シート」を使用して書く。たとえば、「南太平洋の無人島に一人でいるとしたら、何を持って行くか」というような問いに答えて、「A百科事典、B聖書、Cシェイクスピア全集」という選択肢に順番をつける「価値シート」などが考案されている。

また、授業の最後に、「私は（　空欄　）であることを学びました。私は（　空欄　）を思い出しました。私は（　空欄　）を知って驚きました」というような文章の空欄を補充する「価値シート」が用いられ、各人の気づきや学びを確認することもある。

価値明確化で用いる討論は自由討論ではない。全員に発言の機会を保証し、各自の気づきを促すような討論が望まれる。一つの結論を出すことがねらいではないため、討論よりもむしろシェアリングと表現するほうがよいかもしれない。

指導案の一例を次頁に示す。これは、福島県の中学校教諭渡邉真魚によって実際に行われた道徳授業の指導案である。本書に収録するために、渡邉の作成した指導案を、本人の了解を得て私が短くした。

長所と問題点

価値明確化も、価値を教え込まないという点が長所だと言える。しかし、それは問題点でもある。価値明確化も、モラルジレンマと同様に、学習指導要領に示されている内容を教え込むという形をとる日本の道徳授業には向いていないという批判がある。

しかし、たとえば、友情という価値を教えるとはいっても、その具体的な内容についてはさまざまなとらえ方が可能であり、苦境にある友人にお金を貸すことが友情であると考える者も、あえて貸さないというのが友情であると考える者もありうる。したがって、その細かな内容を各自に考えさせるという形での授業展開は可能である。

平成○○年○月○日
○○中学校1年1組
授業者　渡邉　真魚

（1）主題名 「働く」意義を考える
（2）ねらい　勤労の価値を知り、充実した生き方を求める態度を養う
（3）内容項目　C勤労
（4）指導過程

	学習活動	教師の支援	その他　◎評価
導入	1. 教師の説明を聞く 「25年後の私」の夢をアンケート結果で知る。	*ランキングで公表する。	・反省を促すが、その中身を説明することは求めない。
展開	2. 価値シートへの記入 「働く」ことの価値（意義）を個人で明確にし、記入する。	*価値シートを配布する。 *机間支援を行う。	*グループでのランキングを3位まで決定する。
	3. グループでの話し合い 各自の選択した価値をもとにランキングを決める。	*机間支援を行う。	
	4. グループ発表 各グループの結果を発表する。	*出された意見を板書きする。	
	5. 全体での話合い 自分の選択した価値をもとに全体で話し合う。	*ランキングの結果について話し合うように支援する。	◎互いの価値づけの過程に共感できたか（観察） ・変わらなかった場合でも丁寧に考えさせたい。
	6. 価値シートへの記入 もう一度個人で価値を明確にする。全体の話し合いで価値が変わった理由、変わらなかった理由を明確にする。	*机間支援を行う。	
	7. 全体での話合い 再度、全体で話し合う。	*変わった理由、変わらなかった理由を発表できるように支援する。	*出された意見を聞き合う。 ◎互いの価値づけの過程に共感できたか（観察）
	8. 価値シートへの記入 25年後、どのような場所で働いているかを記入する。		
	9. 言葉の贈り物 友だちの価値シートに励ましの言葉を記入する	*相互に記入できるように支援する。	
終末	10. シェアリング 感想を聞き合う。	*個人個人の価値を大切にとらえるように支援する。	*個人の気づきを大切にする。

表3　価値明確化の指導略案例

例示した指導案でも、何のために働くかということについては、人それぞれ考えることが違ってもよいと想定されている。しかし、それを考えることを通して、勤労という道徳的価値を学ぶ形になっている。

三　モラルスキルトレーニング

基本的な考え方

モラルスキルトレーニング（略称モスト）とは、模擬的に道徳的な行動を演じてみるという手法を取り入れた道徳教育の方法である。スキルトレーニングを取り入れた授業実践としては、ソーシャルスキルトレーニングや、ライフスキル教育などがあるが、モストは、それらと類似しながらも、道徳教育のプログラムとして構想されている点でそれらとは区別される。

さて、障害について説明する用語に「機能障害」「生活障害」「社会障害」というものがある。たとえば、身体の器質的な損傷により、身体の一部の機能が損なわれれば、それは「機能障害」である。そのことによって、日常生活に支障をきたせば、それは

「生活障害」である。日常生活には支障はないが、対人関係の技能に問題が生じ、社会に出て他のひとと一緒に働くということが困難な場合は、それは「社会障害」である。ソーシャルスキルトレーニングは、この社会障害に対する支援方法の一つである。ライフスキル教育は、生活障害に対する支援方法の一つである。もっとも、こうしたとらえ方は、「ソーシャル」や「ライフ」といった言葉から想定される便宜的な分類であって、「ソーシャルスキルトレーニング」や「ライフスキル教育」の名前で実際に行われている活動を取り上げて分類しようと試みると、両者には大きな重なりがある。

では、モストはどのように位置づけられるのだろうか。ここでは、ソーシャルスキルトレーニングとの対比によって説明しよう。

ソーシャルスキルとは、具体的に言えば、「挨拶をする」とか、「嫌なことを断る」とか、「電話に出る」とか、「バスに乗る」などの、社会の中で生活する際に必要とされる技能である。こうしたことがらを訓練して身につけるのがソーシャルスキルトレーニングである。しかしそれだけでは、道徳教育の視点から見たときに、欠けているものがある。いくらソーシャルスキルを身につけても、それをどう使うかは、子どもたちの内面的な道徳性に左右されるからである。

わかりやすい例をあげよう。詐欺という犯罪がある。詐欺師は、多くの場合、ソーシャルスキルに長けている。そうでなければ、詐欺を働くことは難しい。挨拶もできない詐欺師に、人はだまされることはない。そこで、常に道徳的場面を想定し、ソーシャルスキルを何のために使うかということまで意識させて、訓練することが求められる。それがモストである。

たとえば、「挨拶をする」というスキルを取り上げれば、これは、ソーシャルスキルでもあるし、モラルスキルでもある。しかし、詐欺をはたらく場面で用いられる挨拶は、モラルスキルではない。つまり、モラルスキルという概念は、スキルが用いられる状況が道徳的かどうかという判断をも含んだよりいっそう複合的な概念である。したがって、モストには、①スキルトレーニングになっている、と、②道徳教育になっている、の二点を欠くことはできない。

指導案と進め方

プログラムの一案として、次のような流れのものが考案されている。

①資料の提示…まず、道徳資料を提示する。
②ペアインタビュー…資料の登場人物になって、二人でインタビューし合う。これは、ロールプレイングのためのウォーミングアップを兼ねている。
③ロールプレイング…ある場面を実際に演じてみる。この際、シナリオ通りに演じるのではなくて、状況設定だけして、あとは本人の自由な役割の創造にまかせる。
④シェアリング…ロールプレイングの感想などを言い合って、良い行動方法を強化し、悪い部分を修正する。
⑤メンタル・リハーサル…別な場面をイメージさせ、その場での自分の行動を考えさせる。
⑥ロールプレイング…イメージしたものを再度演じてみる。③で身につけたスキルを一般化するための作業である。
⑦シェアリング…④に同じ
⑧課題の提示…身につけたことを日常場面でできるように、課題を出す。
一時間の授業の中でこのすべての段階を行うためには、子どもと教師がよほどスキルトレーニングに慣れていないと難しい。実際には、④の後に⑧をやって終わるとか、

⑤まで実施して⑧をやって終わるなどの実践が行われている。

表4に授業の指導案を示す。

資料は自作資料である。この指導案では、余裕をもってロールプレイングができるように、メンタル・リハーサルなど一部が省略してある。

長所と問題点

スキルトレーニング系のプログラムに対しては、それはほんとうに道徳授業になっているのかという批判が寄せられることがある。道徳教育のねらいが、学習指導要領に示されているように道徳性の涵養にあるとすれば、それらは内面的な力であるから、外面の指導にとどまっているかのように見えるプログラムが批判されるのもやむをえないのかもしれない。しかし、すでに明らかなように、モストは、まずはスキルを身につけることをねらっているが、しかしこのプログラムはそれだけではない。ロールプレイングによって気持ちの動きを体験し、動機づけを強化する。また反省的に振り返ることで理解を促進させる。結果として道徳的価値についての理解を深め、道徳性を高めることをねらっているのである。

授業者　○○　○○
5年1組

1．主題名　真心を込めたあいさつ
2．資料名　お見舞い（自作教材）
3．ねらい　時と場をわきまえて，礼儀正しく真心をもって接する態度を育む。
4．内容項目　B 礼儀
5．指導過程

	学習活動	教師の発問（T）と児童の反応（C）	教師の支援と留意点
導入	1. 教師の説明を聞く	T「皆さんは、毎日あいさつができていますか」	
展開	2. 教材を読む。		・教師が範読する。
	3. 二人一組でインタビューし合う。	T「登場人物になりきって、インタビューしてみよう」	・ウォーミングアップを兼ねて行う。
	4. 挨拶の場面について考える。	T「まさ子さんは元気のよい挨拶をしたのに、お母さんに叱られちゃったよね。どうしてだろうか」 C「お母さんは機嫌が悪かったんだと思います。」	・適切な答えがでなければ「演じてみて考えよう」と言って役割演技につなぐ。出れば、演じて比較する。
	5. 代表が演じてみる。	T「実際に演じてみましょう」	・指名して、代表のペアに教材どおりに演じさせる。
	6. 話し合う。	T「まさ子さん役の人はどう感じましたか」 T「お母さん役の人はどう感じましたか」 C「病院だから眠っている人もいるのに、迷惑だなと思いました」 T「元気のよい挨拶は大事だよね。でも、時と場合を考えないといけないよね。」	
	7. 今度は正しいと思うやり方で演じみる。	T「どうすればよかったか、もう一度演じてみましょう」	・別なペアに、よいと思われるやり方で演じさせる。
	8．よかった点を話し合う。	T「どんなところがよかったかな」 C「小さな声であいさつした点」	
	9. 要点をまとめる。	T「どんな行動がよいのか、整理しましょう」	・真心が大切だということに気づかせる。
終末	10. 感想を書く。	T「今日、どんなことを学んだか、感想カードに書いてください。」	

表4　モラルスキルトレーニングの指導略案例

そうした批判に対しては、むしろ逆に、道徳教育が内面だけを問題とし、具体的な行動に結びつかないとしたら、それは本当の道徳教育と言えるのだろうかと問いかけたい。

さて、本章では、進歩主義的アプローチとして、モラルジレンマ授業、価値明確化、モラルスキルトレーニングの三つを取り上げたが、他にもある。カウンセリングの技法を取り入れた、いわゆるサイコエデュケーション（心理教育）の多くは、このアプローチに分類される。

◉第七章

教科教育と特別活動と生徒指導

一　教科教育における道徳教育

包括的人間形成としての道徳教育

二〇〇六（平成一八）年に改正された教育基本法では、第一条において、教育の目的が次のように記されている。「教育は、人格の完成を目指し、平和で民主的な国家及び社会の形成者として必要な資質を備えた心身ともに健康な国民の育成を期して行われなければならない」。つまり、人格の完成が、教育の大きな目的なのであり、そういう意味では、包括的人間形成としての道徳教育の役割はきわめて大きいと言える。ある意味で、教育は道徳教育とともにある。たとえ道徳教育を否定し、知識伝達だけを学校教育の内容として定めたとしても、それでもなお、教師からの人格的影響はあるし、授業を成立させるためのルールの制定が求められることになるからである。そうした意味では、あらゆる場を通じての道徳教育のあり方が検討されねばならない。

二〇〇八（平成二〇）年に告示された小学校および中学校の学習指導要領では、教科や特別活動、総合的な学習の時間においても、道徳教育について配慮すべきことが記され、教科化後の道徳科の指導要領を定めた二〇一七（平成二九年）版でも継続している。たとえば、小学校の「国語」では、次のように記されている。「第一章総則の第一の二の（二）に示す道徳教育の目標に基づき、道徳科などとの関連を考慮しながら、第三章特別の教科道徳の第二に示す内容について、国語科の特質に応じて適切な指導をすること」。他の教科等でも、「国語科」となっている部分が代わるのみで、同じことが記されている。

道徳教育は、以前より、「総則」と「道徳」の章の規定において、学校の教育活動の全体を通して行うこととされていた。したがって、学習指導要領の教科等の章にこうした記載がなかったとしても行うべきことであった。二〇〇八（平成二〇）年以降の学習指導要領では、それがはっきりと明文化されたということである。

「国語」や「社会」における道徳教育

教科や特別活動や総合的な学習の時間における道徳教育について考えようとする際に、イメージしやすいものとしにくいものがある。たとえば、「国語」や「社会」などの教科はイメージしやすい。

「国語」では、道徳的な物語が教材として使われることがある。たとえば、三浦綾子の『塩狩峠』や太宰治『走れメロス』等の小説は、そのままで道徳の教材であると言っても問題ない。もっとも、実際に道徳科授業で用いるには話が長すぎるし、同じ小説でも、児童生徒への提示の仕方は、国語と道徳とでは自ずと異なることになる。

「社会」は、戦後この教科が設置された当初から、民主的な価値を教える教科と考えられていた。また民主的な原理を、道徳の原理とみなすような立場もある。たとえば、イギリスの道徳教育学者リチャード・ピーターズは、規則を、文化に相対的な「相対的規則」と、どの文化においても守らなければならない「基礎的規則」と、基礎的規則の正当化にかかわる「手続き規則」の三つに区分するが、手続き規則は、自由や平等など、民主主義を支える原理でもある。

「算数（数学）」や「理科」における道徳教育

理数系の教科は、道徳との関係がイメージしにくい。しかし、「算数」や「数学」で学ぶことが、合理的推論の仕方であるととらえるなら、それは道徳的推論においても求められるものである。アリストテレスは、道徳的行為を導き出す推論を実践三段論法として定式化した。それは、演繹的推論のような厳密な数学的定式化とまではいかないが、人間が自らの道徳的行為を説明する際に押さえておかなければならない理由づけの構造を示している。そうしたことがらの理解には算数的知識もまた求められる。

「理科」は、とくに、いのちの問題を扱うという点で、道徳教育との関連を見ることができる。小中学校の理科では、以前は、フナやカエルの解剖がよく行われていたが、最近は、解剖はあまり行われていないようである。しかし、現在でも教科書には、解剖の手順が記載されているものもある。こうした解剖を行う際にそれが単に理科知識の獲得のためだけに行われるとしたら、いのちを大切にすることからほど遠いことになるのではないだろうか。ぜひ、いのちの意味を学ぶよい機会として生かしたい。

二　総合的な学習の時間における道徳教育

学習指導要領における位置づけ

総合的な学習の時間は、以前には、学習指導要領の「第一章　総則」においてのみ記されていたが、二〇〇八（平成二〇）年に告示された小学校および中学校の学習指導要領では、新たに章を立てて取り上げられることとなった。その目標は、次のとおりである。「横断的・総合的な学習や探究的な学習を通して、自ら課題を見付け、自ら学び、自ら考え、主体的に判断し、よりよく問題を解決する資質や能力を育成するとともに、学び方やものの考え方を身につけ、問題の解決や探究活動に主体的、創造的、協同的に取り組む態度を育て、自己の生き方を考えることができるようにする」（二〇一七（平成二九）年度版小学校学習指導要領）。この目標を受けてさらに、各学校においては、それぞれの総合的な学習の時間の目標を定めることになっている。つまり、総合的な学習の時間は、各学校によって目標や内容が大幅に異なる活動になる。

道徳との関連については、上述した、教科と同様の文言が記されているが、加えて、「各教科、道徳科、外国語活動及び特別活動で身に付けた知識や技能等を相互に関連付け、学習や生活において生かし、それらが総合的に働くようにすること」（小学校）、また、「各教科、道徳科、外国語活動及び特別活動の目標及び内容との違いに留意」（小学校）することが記されている。

総合的な学習の時間における道徳教育

学習指導要領の規定からすれば、総合的な学習の時間は、自然体験やボランティア活動などの社会体験、ものづくり、生産活動などの体験活動、また、観察や実験や見学調査など、他の教科の学習とは異なる活動的なカリキュラムとなる。道徳教育は、道徳の時間が基本的に座学になるとはいえ、行為にかかわる教育という側面をもっているので、こうした総合的な活動の時間の取り組みは、さまざまな点で道徳教育と関連することになる。

たとえばあいさつの大切さのような、道徳の時間に学んだことを、総合的な学習の時間の体験活動を通して、実地に大人を相手にやってみることができる。また、たとえば就労体験をすれば、その体験の中で働く意義について考えるだけでなく、働く意義を考える道徳の授業においても、勤労奉仕の資料を理解する上で役立つことになるだろう。

副次的カリキュラムとしての道徳教育

さて、教科や特別活動、総合的な学習の時間においても、道徳教育について配慮すべきことが記されているということは、そうした取り組みの効果を検証する方法が求められるということになる。けれども、たとえば「国語科の特質に応じて適切な指導をすること」と記されてはいても、具体的にどうすればよいのかは書かれていないし、具体的にどうすればよいのかわからないものの効果を調べることは難しい。教科にはまず各教科の目標がある。とくに教材が道徳と強い関連があるとき以外には、道徳教育への配慮は行われないのではないだろうか。

そこで、副次的カリキュラムとしての道徳教育という考え方を提案したい。

カリキュラムに関する用語に、顕在的カリキュラムと潜在的カリキュラムという言葉がある。顕在的カリキュラムとは、教育目標に沿って意図的、組織的に行われる教育内容のことである。それに対して、目に見えず意識されにくいが、学校の中で暗黙のうちに伝えられる行動様式や規範などが、潜在的カリキュラムと呼ばれる。

教科の中で道徳教育が行われる場合、教科の目標と内容が別にあるわけだから、その道徳教育は潜在的カリキュラムととらえられるようにも思われるかもしれない。しかし、学習指導要領に規定されているということは、それを意図的に行うということであり、道徳教育も、ある意味で顕在的カリキュラムである。そこで、顕在的カリキュラムと潜在的カリキュラムの間に、副次的カリキュラムを想定し、それがどのように行われているかを確認する手続きを定めてはどうかと考えるのである。

イギリスの教育哲学者であり道徳教育学者であるジョン・ウィルソンは、教科領域において行われる道徳教育のカリキュラムをチェックするためのカリキュラム分析表というものを提案している。

イギリスでは、一九六〇年代に多数の外国人労働者が入ってきた。その際、外国人労働者の中にはイスラム圏の人びともおおぜいいたことから、キリスト教を中心とした宗教教育では道徳教育として不適切であるとの反省が起こり、宗教とは切り離された新しい道徳教育が求められることになった。そうした時代背景のもとで、ウィルソンの道徳教育論は提案されている。副次的カリキュラムの提案は、そうしたウィルソンの考え方を下敷きにしている。

三　ウィルソンの道徳教育論

「道徳的に教育された人間」という概念

ウィルソンの基本的な考え方は、「道徳的に教育された人間」という概念を分析して、道徳性構成要素を明らかにし、その構成要素の達成を目指して教育を行うというものである。この構成要素の分析は、心理学の研究で用いられるような因子分析などによるのではなくて、分析哲学に特徴的な概念分析によるものである。

こうした分析は、「道徳的に教育された人間」を実際に観察することを通して明らかにされたのではなく、あくまで概念分析によって明らかにされたのだという点に注意しておかなければならない。彼が分析の際に注目したのは、人間の道徳的思考や行為がどの程度「合理的か」ということなのである。つまり、彼は個々の信念や行為の道徳的善悪を明らかにしようとしたのではないのである。ということは、彼の道徳教育のアプローチもまた、コールバーグがそうであったように、道徳的価値の伝達ということとは別なスタイルになる。とはいえ、やはりその概念分析の背後には「イギリス紳士」のイメージがあるのではないかとの批判もあるということを付言しておこう。

彼の示す道徳性構成要素は、文献によって多少違ってはいるが、『道徳教育とカリキュラム』に依拠して、概略を説明すれば、以下のようなものである。

Phil…他者を平等なものとみなすこと、他者の利害を等しく重要なものとみなすこと。

Emp…他者が何を感じ、何か彼らの利害なのかを知る能力。

Gig（1）…道徳的選択に関連する「客観的」事実についての知識。

Gig（2）…社会的脈絡の中で効果的に行動するための実践的「ノウハウ」。

Dik …正しい理由で自分自身に行為を指令する能力。

Krat …（a）他の構成要素を用いるために（b）結果として生じた道徳的判断を行為に移すために、必要とされる要因。

ここで示されたギリシア語をもとにした名称にはとらわれないようにしたい。彼は、日常の言葉で表現することで彼が定義する以外の意味合いが含まれることをおそれて、あえてこうした造語を用いているのである。あえてそれぞれの構成要素にわかりやすい日本語をあてるとすれば、Phil は「平等認識」、Emp は「共感能力」、Gig（1）は「事実認識」、Gig（2）は「実践的ノウハウ」、Dik は「行為指令能力」、Krat は「行動特性」あるいは「意志力」と表現できるだろう。ここに示されたものは、認識であったり、能力であったり、ノウハウであったりと、カテゴリーレベルの異なるものであるが、「道徳的に教育された人間」を構成する要素として示されているのである。

カリキュラム分析表

さて、教科領域における道徳教育を考えてみると、どのような内容を教えるかとは関係なく、すべての授業の成立のために求められることがあり、そうしたことも道徳教育であると言えそうである。たとえば、静かに授業を聞くとか、授業中は立ち歩かないとかである。あるいは、教師の人格的影響も考えられる。しかし、こうしたことは、ウィルソンに従って考えると、道徳の目的には適わない。彼の考え方から言えば、道徳教育は、道徳性構成要素を発達させることだからである。

そこでウィルソンは、各教科の授業カリキュラムにおいて、授業が成立するための前提条件や教師の影響とは区別される道徳性構成要素が、どの程度実現されているかをチェックするためのカリキュラム分析表というものを提案した。それをもとにして日本の道徳教育用に修正したのが次頁の道徳教育カリキュラム分析表である。オリジナルとは別物だと言っていいほどに修正した。

大きな修正点について説明する。「内容項目」という欄に、日本の学習指導要領に記された内容の四つの柱が記載されている。これは、その授業で、どの程度それらが取り上げられたかを記す欄である。ウィルソンの考えでは、無意味だということになるだろうが、日本の道徳教育では、道徳的価値を教えることになっている。それは、道徳科授業だけでなく学校の教育活動全体を通じて行う道徳教育においても取り上げられるべき内容として示されているのである。また、たんに学習指導要領に記されているからという理由だけでなく、道徳的価値を学ぶことは必要だからでもある。ウィルソンの道徳性構成要素の考え方にしても、「イギリス紳士」を想定しているのではないかという批判があると先に記した。そうだとすれば、「イギリス紳士」に求められる徳性（道徳的価値）というものは最初から前提されている。この欄は、□にチェックを記し、具体的な内容をその下に記すように作成した。

構成要素についても、ウィルソンが示したものを参考にしながらも、「平等認識」、「共感能力」、「事実認識」、「スキル」、「意志力」の五つにまとめ直し、それぞれにわかりやすい日本語を当てはめた。実際に、子どもたちがそうした要素を発達させたか

タイトル	内容項目	授業方法	社会的脈略	教師	児童生徒	道徳性構成要素の評価
学校名 学年／学級 クラスの規模 □10 人以下 □11-20 人 □21-30 人 □31-40 人 □41 人以上 日付／時間 授業者 教科／科目 話題／領域	□1．自分自身に関すること □2．人との関わりに関すること □3．集団や社会との関わりに関すること □4．生命や自然、崇高なものとの関わりに関すること	学習形態 □一斉授業 □グループ学習 □個別指導 学習の道具 □教科書 □その他の書籍 □新聞 □実験観察 □ビデオ／TV □コンピュータ 要求される産物 □課題 □レポート □日記 □新聞切抜き □議論への参加 試験 □標準テスト □教師作成テスト □パフォーマンス □その他	コミュニケーションの種類 □権威主義的 □自由主義的 □協同的 □競争的 □かみ合っている □かみ合っていない 場所的配置 □学校内 □学校外 机の配置 □整列 □コの字型／円形 □グループ別 グループ化 □公式 □非公式 その他特記事項	教師の個性 □教科中心的 □子ども中心的 □権威主義的 □自由主義的 □男性 □女性 □若い □年配 □献身的 □非献身的 □外交的 □内向的 その他特記事項	性別 □男子のみ □女子のみ □男女混合 校区 □市街地 □市街地近郊 □田舎 □混合 態度 □積極的 □普通 □消極的 言語能力 □高い □平均 □低い その他の特記事項	平等認識 □どれくらいの範囲まで取り上げていたか □どのくらい深く認識させたか 共感能力 □どの範囲まで共感させたか □どれくらい深く共感させたか 事実認識 □法律と社会規範についての知識をどの程度伝達したか □危険や安全についての情報をどの程度伝達したか スキル □具体的な行為の仕方をどの程度取り上げたか 意志力 □やる気をどの程度高めたか

表5　カリキュラム分析表

ウィルソンの分析表をもとに修正を加えた

どうかは観察だけでは判別できないので、教師が授業の中でそうした点に配慮していたかどうかをチェックする。三段階または五段階で評価し、十分に取り上げられていれば、三または五の数字を書き入れるようにする。

ここで紹介した表5は、私が暫定版として用いているものである。実は、教科領域等における道徳教育のあり方についての研究はほとんどなされていない。したがって、こうしたカリキュラム分析表もまだまだ改善の余地があると思われる。今後、こうした点の実践研究がさらに進むことを期待したい。

四　特別活動と道徳教育の連携

構成的グループエンカウンター

特別活動は集団活動を前提している。しかし、それは、徹底的に管理された集団活動を行うということではない。個の尊厳を認めた上での集団活動でなければならない。個を大切にする視点は、たとえばカウンセラーの子どもに対する接し方の中に見て取れる。そこでは、受容や共感が大切にされる。そうした視点で組まれた集団活動のエクササイズとして構成的グループエンカウンターがある。

「グループエンカウンター」とは集団での出会いという意味である。「構成的」というのは、時間やエクササイズの中身が構成化されているという意味である。したがって、ある構成化された枠組みにおいて集団で出会う活動だと言える。

これに対して、非構成的グループエンカウンターと呼ばれるものは、時間の制限もない中で何をするのかを決めない状態でその場に集まった者同士が自由に振る舞う。カウンセラーの研修会などで行われることがあるが、感情のぶつけ合いになったりするので、学校教育で用いるのは難しい。通常は、構成的グループエンカウンターのプログラムの方が用いられる。

構成的グループエンカウンターは、インストラクション、エクササイズ、シェアリングという流れで行われる。インストラクションとは､言葉による説明の段階である。エクササイズとは、実際に活動する段階である。エクササイズの後には、意見交換をするシェアリングの段階がある。実践の場でエクササイズのみが構成的グループエンカウンターであるかのようにとらえられることがあるが、その前後の段階も含めて、一つのプログラムになっている。

エクササイズは、心理面の発達を促す課題であると言われる。それは、「自己理解」「他者理解」「自己受容」「自己表現・自己主張」「感受性の促進」「信頼体験」などの課題である。

ジョハリの窓

アメリカの心理学者ジョセフ・ルフトとハリー・インガムによって提案された「ジョハリの窓」というものがある（図2を参照）。自己を四つに分けてとらえる図である。Aは、自分も他人も知っている自己の領域、Bは、他人は知っているが自分が知らない自己の領域、Cは、自分は知っているが他人は知らない自己の領域、Dは、自分も他人も知らない自己の領域を表している。これを用いて言えば、構成的グループエンカウンターは、Aの領域を広げようとするプログラムとして

	自分が知っている	自分が知らない
他人が知っている	A 解放の窓	B 盲点の窓
他人が知らない	C 隠された窓	C 隠された窓

図2　ジョハリの窓

とらえることができる。参加者相互のやり取りを通して自分も他人も知っている自己の領域が少しずつ広がっていく。

こうしたプログラムは学級活動の時間によく行われている。一例を挙げるならば、目隠しをしたまま友だちに先導してもらって学校内を歩き回る「トラスト・ウォーク」という活動がある。これは、「信頼体験」の活動である。こうした活動をとおして、人間関係を築き、結果として楽しくてあったかい学級をつくることができる。また、これまでも道徳の時間においてもこうしたプログラムが実施されることもあった。しかし、道徳の時間の活動に関しては、道徳的価値を教える授業にならないため、「道徳の時間にやるべきことではない」という批判もある。けれども、道徳的価値を教えようと思っても子どもたちの心の中になかなか浸透しにくい現状を考えれば、こうした活動をとおしてまずよい人間関係を構築することが、道徳教育を効果的に行う前提となるように思われる。

学校グループワークトレーニング

グループ活動には、構成的グループエンカウンター以外にもさまざまなものがある。

第六章で取り上げたモラルスキルトレーニングもこうした活動の一つとしてとらえられることもある。他に、プロジェクトアドベンチャー、対人関係ゲームなどがある。

構成的グループエンカウンターと比較したときに類似していながらも、独自の視点を導入している集団トレーニングとして学校グループワークトレーニングがある。私の見るところでは、構成的グループエンカウンターとは異なる最大の魅力は、そのエクササイズには、我慢したり、自分の意見を曲げたりしなければならない要素が含まれていることが多いという点である。

学級活動などの際に、自己主張はすべての児童生徒に認められるとはいえ、集団で何かの活動をしようとすれば、当然、すべての児童生徒の意見が受け入れられるというわけではない。だれかが折れなければ集団としての意志決定ができないということになる。しかし、いつでも決まった児童生徒の意見だけが通るというのでは、民主的ではなく、望ましいことではない。リーダーシップの取れる児童生徒にも、自分の意見を表明できずにリーダーについていくフォロワーもいるということを理解させたい。そうしたときに、学校グループワークトレーニングが効果的だと感じられるのである。

特別活動と道徳教育の連携

さて、特別活動と道徳教育の効果的な連携はどのようにすればよいのだろうか。道徳教育の視点から考えると、道徳教育は道徳的価値についての理解を中心に行われるから、その前に、心の安定であるとか、子ども同士の良い学び合いの関係であるとかが成立していることが望ましい。それを、特別活動をとおして実現できないだろうか。

また、道徳的価値を学んだとして、それを実践できる場を考えなければならない。もちろん、子どもたちが、家庭や地域社会において実生活の中で実践できればよいが、そう簡単ではない。家庭は、わがままが許されるし、地域の大人社会に入っていくことは子どもにとっては難しいだろう。したがって、学校で集団活動の中で実践することに意味がある。そうした活動として、総合的な学習の時間なども活用できるが、「望ましい集団活動」が前提されている特別活動においては、よりいっそう効果的にそうした実践が可能になると言える。

五　道徳教育と生徒指導

教育臨床と生徒指導

臨床という言葉は、医学領域で使用されてきた言葉である。臨床医学は基礎医学の応用分野である。臨床の語源的な意味は、西洋語でも日本語でも、ベッドサイドということである。そこでは、直接患者の治療にあたることが求められる。その語が、心理学に適用されて、臨床心理学という分野が注目されるようになった。そこでも、問題を抱えたクライアントに対して個別に支援するという形の活動がある。近年では、それが、教育学や社会学、果ては哲学にまで適用され始めている。現場への適用とか実践ということが強調されているのではあるが、「実践」と言えば済むことであるなら、あえて「臨床」という言葉を使う必要はないだろう。

その言葉は、「実践」と比較して、少なくとも二点が強調されていると言える。一つは、「個別に対応する」ということであり、もう一つは、「トラブルを抱えた人に対応する」ということである。したがって、「教育臨床」という言葉を使うときには、すべての使用例においてとはいかないが、多くの場合、個を大切にし、トラブルを抱えた児童生徒に個別に対処するという視点が見られる。

ところで、子どもたちに対する直接的な教育的働きかけとしては、大きく分けて、学習指導と生徒指導の二つがある。生徒指導という言葉は、小学校の児童に対する指導も含むものとして用いられる。

生徒指導は、学習指導とともに機能概念であると言われている。つまり、それらは、なんらかの「はたらき」を指し示す言葉であり、教育課程上に領域として位置づけられているわけでない。したがって、学習指導要領にもその取り扱いについての説明はない。これに対して、各教科や道徳や特別活動や総合的な学習の時間などは、領域概念であると言われる。したがって、生徒指導は、学習指導と同様に、教科指導においても、道徳や特別活動や総合的な学習の時間においても行われている。

教育臨床という概念は、生徒指導にも学習指導にもかかわると言えるが、ここでは、広い意味での生徒指導全般を取り上げ、教育臨床の視点から生徒指導、教育カウンセリング、道徳教育のかかわりを見てみよう。

生徒指導は、問題行動に対する指導のみを意味すると誤解されることがある。しかし、広い意味では、教師が児童生徒と直接かかわる、学習指導以外のすべての教育的営みを指しているととらえることができる。一方で、狭い意味では、問題行動の指導だけに限定されるわけではないにしても、教育相談や進路指導や道徳教育とは区別されるものとしてとらえられることもある。

問題行動そのものへの対応は、消極的生徒指導と言われる。それに対して、問題行動を未然に防ぎ、発達を支援する対応は、積極的生徒指導と言われる。行き過ぎた管理的指導を批判するあまり、消極的生徒指導を望ましくないものとして否定する考え方が、学校現場にはある。もっと子どもを受容共感することが大切だと言うのである。

しかし、体罰はもちろん許容できないが、問題行動が起こったときに毅然とした態度で対応することは教育的観点からも必要なことである。また逆に子どもへの受容共感ということを甘やかしだと批判するあまり、子どもの発達支援としての積極的生徒指導さえも否定しようとするような考え方もある。もちろん、これも極端な考え方である。両者は、いわば車の両輪である。

文部科学省は、生徒指導の意義を次のように述べている。

生徒指導とは、一人一人の児童生徒の人格を尊重し、個性の伸長を図りながら、社会的資質や行動力を高めることを目指して行われる教育活動のことです。すなわち、生徒指導は、すべての児童生徒のそれぞれの人格のよりよき発達を目指すとともに、学校生活がすべての児童生徒にとって有意義で興味深く、充実したものになることを目指しています。生徒指導は学校の教育目標を達成する上で重要な機能を果たすものであり、学習指導と並んで学校教育において重要な意義を持つものと言えます。

（文部科学省『生徒指導提要』「まえがき」平成二二年三月、三頁）

「人格を尊重」や「個性の伸長」、「社会的な資質や行動力」、「人格のよりよき発達」などの言葉は道徳教育との関連を想起させる。しかし、生徒指導は、具体的、実際的活動として進められるので、道徳科授業を要とする道徳教育とはまた大きく異なる面がある。つまり、道徳教育では、具体的な生活面の指導というよりは、内面的道徳性の育成を図ることが中心となるからである。その意味では、生徒指導と道徳教育も、いわば車の両輪である。一方で具体的な生活面の指導をしながら、もう一方で内面性の育成を図るのである。

「すべての児童生徒」を対象とすることからは、問題行動への対応だけを生徒指導というのではないということが明らかになる。

生徒指導は、知的、身体的、情緒的、社会的等のあらゆる側面の支援であり、教科教育や総合的な学習の時間や道徳や特別活動などさまざまな領域にまたがる支援であることがわかる。

チームでの対応

さて、教師のタイプにもよるが、一人の教師が、管理的なアプローチと受容的なアプローチを同時に採ることは難しい。そこで、教師集団はチームとして役割分担しながら行動することが求められる。問題行動に対しての対応に際しても、全教員が叱責するのでは、当の児童生徒は逃げ場をなくしてしまう。「悪いことは、なんと言い訳しようが悪いことなのだ」ということを伝えながらも、同時に、その問題行動に至った背景やその子の気持ちを理解する役割のひとも必要である。そう考えると、カウンセラーもまた、生徒指導との関連において、重要な役割を果たすと言える。

スクールカウンセラー

心の悩みや問題に専門的立場から助言援助を行うことを目的に、一九九五（平成七）年度から二〇〇〇（平成一二）年度まで文部省のスクールカウンセラー活用調査研究委託事業が実施された。その後、二〇〇一（平成一三）年度からは、スクールカウンセラー配置事業となり、臨床心理士や精神科医や大学教員などの専門家がスクールカウンセラーとして多くの学校に配置されている。

スクールカウンセラーの特徴は、外部の専門家という位置づけになっていることである。学校の教師とは違うので、悩みや問題を抱えた子どもたちも、相談しやすいと言える。しかし、もう一方で、カウンセラーには守秘義務があることから、教師集団からは情報を求めるものの、知り得た情報を教師集団とは共有せずに人間関係がこじれるということもある。基本は、子どもの支援のためにチームで動くということであると考えるなら、こうしたことは大きな問題である。守秘義務を守らなくてもよいということではなくて、そうした立場をとるなら、それを教師集団に理解してもらえるまで丁寧に説明することが必要であろう。

教師カウンセラー

スクールカウンセラーが外部の専門家という位置づけなのに対して、学校内の人材としての教師がカウンセラーの役割を演じることもある。子どもたちからの相談は、精神科医のような専門家を必要としない場合も多い。そうした場合、カウンセラーとしてのトレーニングを受けた教師が対応できれば、子どもたちとっては大きな勇気づけになるだろう。

カウンセリングマインドという言葉がある。専門用語ではなく、広く一般に広まった和製英語であるが、「相手の気持ちに寄り添って、相手の話を聴き、受容する」というような態度や心持ちを意味している。あるいは、来談者中心療法の創始者カール・ロジャーズの言うカウンセラーの三つの態度条件によってそうしたことがらが説明されることもある。その三つとは、相手を無条件に尊重しようとする「肯定的配慮」、相手をありのままに共感的に理解しようとする「共感的理解」、偽りのない心で接するという意味での「純粋性（あるいは自己一致）」である。こうした態度で相手の話を聴くことが、相談者の中に受け入れられたという体験を生み出し、その体験が悩みを解消することにつながると考えられている。

簡単なようでいて難しいことであるが、人間関係のプロであるべき教師にとって、トレーニングさえ受ければ、できないことではないだろう。

六　教育臨床の視点からの道徳教育

心の居場所

心の居場所という言葉がある。優しい感じのする言葉であるが、意味を考え始めるとよく分からない言葉でもある。心という形のないものの居場所とはどういうことなのだろうか。落ち着く場所ということを意味するためのたとえなのであろうか。

文部科学省関連の文書の中にも、この言葉は用いられている。たとえば、一九九六

（平成八）年に出された児童生徒の問題行動等に関する調査研究協力者会議の報告書である「いじめの問題に関する総合的な取組について」では、「家庭は、深い愛情と信頼で結ばれ、強い人間関係に支えられた場所でなければならない。とりわけいじめられている子どもにとって、家庭は、安らぐことのできる真の『心の居場所』でなければならない」と記されている。意味を考えると、安らぐ場所、心を開放できる場所というような意味であろう。

そうした場所をつくるにはどうすればよいのだろうか。カウンセリング的なアプローチが一つの答えではある。受容共感的に相手を受け入れるということが求められる。しかし、これは、受け入れる側のアプローチである。その場所を求めるひとはどうすればいいのか。たとえば構成的グループエンカウンターのような、人間関係づくりを念頭に置いた開発的な心理教育の手法がまた一つのアプローチである。こうした関係の書物でよく取り上げられている「I am OK. You are OK. We are OK.」（自己理解、他者理解、相互理解）をとおしての豊かな人間関係づくりは、とても興味深い。道徳教育の視点からつけ加えるとすれば、こうした活動には、実は、集団の価値観の形成という側面があるのではないかと思う。そうした面を補うような取り組みができないだろうか。

個別対応の道徳教育

教育臨床という概念は、前述のように、「トラブルを抱えた人に個別に対応する」という面に注意を向ける言葉である。教育臨床を意識して教育をするということは、個々の子どもを大切にし、集団指導だけでは届かない面にも教育的支援の手を差し延べるということにほかならない。しかし、道徳教育は、学校教育の全体をとおしての道徳教育であれ、道徳授業における道徳教育であれ、いずれも、制度的に集団を前提とした教育になっており、個々の問題行動の奥に潜む規範意識の低さを直接取り上げて指導するということにはなっていない。しかし、だからといって、道徳教育が無効だということにはならない。昨今のカウンセリング流行りを目の当たりにすると、むしろ逆に、カウンセリングは個人のメンタルヘルスに焦点化しすぎており、それでは公共性や社会性は育めないのではないかと批判したくなる。そういう意味では、従来の道徳教育が力を発揮する領域はたしかに存在する。けれども、問題行動を引き起こす児童生徒と接するとき、その問題行動の背景にある規範意識の低さを、個々の問題行動に応じて改善する手だてを講じる必要もあると思う。つまり、個別対応の道徳教育の必要性を主張したい。

そうした形で使用できる指導法としては、モラルスキルトレーニングやモラルジレンマ授業をあげることができる。前者は、個別対応の形への転換はそう難しくはない。スキルトレーニングはかならずしも集団指導を前提とするものではないからである。ここでは後者の応用を説明しよう。

モラルジレンマ対話

第六章で取り上げたモラルジレンマ授業を、ここでは、モラルジレンマ対話としてとらえ直したい。ここでの応用は、一対一の関係性の中でのジレンマディスカッションになるからである。モラルジレンマ授業では、発達段階の一段階高い段階の理由づけに触れることで、児童生徒の道徳性発達段階が高まると考えられている。二段階以上の高い段階の理由づけは理解できないが、一段階上の理由づけは、自分の理由づけとしては示せなくても、説明を受ければ理解できるからである。したがって、モラルジレンマ対話においても、教師は、児童生徒の判断理由づけに応じて、その一段階上の対話を持ちかければよい。こうしたことを可能にするためには、教師は、発達段階のすべての段階の理由づけについて十分に理解していなければならない。

学校におけるカウンセリング場面でこうしたことを行う場合、来談者は相談したいと思っていることを胸に抱いているが、その相談内容とモラルジレンマとをどのようにつなぐことができるだろうか。現時点で私が考えているのは、複数回のカウンセリングのうちの何回かをジレンマ対話にするということである。たとえば、仮に万引きをした生徒がいるとしよう。彼の行為は、交流分析で言うところのマイナスのストローク（かかわり）を求めるものであると考えられるとしよう。そうした場合に、無条件のプラスのストロークを与え自尊感情を高めることを試みながら、その中で、万引きという行為に対する正邪を意識させるようなジレンマ対話を挟み込むのである。

カウンセラーは、通常、道徳教育のやり方については訓練を受けていない。したがって、日頃から道徳授業を行っている教師の方が、こうしたアプローチには向いていると言えるだろう。

第三部

道徳教育とその周辺

第八章

家庭・地域社会

一　社会の変化と家庭・地域社会

「昔はよかった」

『ALWAYS　三丁目の夕日』という映画がある。昭和の時代をノスタルジックに描いた映画である。その時代を生きてきた人間にとっては、懐かしい気持ちで昔を思い出すきっかけとなる。「あぁ、昔はよかったなあ」という思いにかられる。しかし、ほんとうに昔はよかったのだろうか。貧しくても、思いやりや愛情にあふれていたのだろうか。よく語られることであるが、「昔はよかった」という言い方は昔からある。

そこには、年配者が、若者に対する絶対的優位を保とうとする気持ちが隠されていると言えるのではないか。過去の経験は、若者が知りえないもの、体験しえないものだからである。また、現にある不安からの逃避とも考えられる。幸せだった（と思いこんでいる）昔を懐かしむのである。あるいは、アイデンティティの連続性と関係しているのかもしれない。今の私は、さまざまな体験の寄せ集めによってできている。その今の私を意味あるものにするために、今の私を構築するところの過去の体験を美化するのである。

いずれにせよ、「昔はよかった」という発言は、多くの場合、根拠のない主張にすぎない。しかし、社会の変化はたしかにある。変化にともなう家族のあり方や地域社会の教育力について振り返ってみよう。

社会と家族と地域社会の変化

日本の産業は、ごく最近まで農耕が中心であったので、家族は、生産の単位でもあり、そうした体制の中に子育ても組み込まれていた。農繁期には、年長の子どもたちは、小さな子の子守をするのが当たり前の務めであったし、お風呂を沸かしたり、食事の準備をしたりもした。そうした社会では、当然、近所の人たちの目は子どもに向けられている。農作業が集落の共同作業であったのと同様に、子育ても、ある意味、共同作業だったのである。

いたずらをすれば、隣のおじさんに叱られるし、良い行いは、集落内の大人たちにも伝わり、ほめられることになる。ひとの目によって道徳性が育まれていたと言ってもよいだろう。それは、悪い面に焦点を当てれば、「旅の恥はかき捨て」ということになり、知らない人ばかりの中では何をしてもよいというような行動につながりかねない。しかし、良い面に焦点を当てれば、普遍的な道徳原理を学校で学ばなくても、十分に社会人としての良識を身につけられるということでもある。

こうした社会集団のあり方の崩れと家族のあり方の変化は、高度経済成長と軌を一にしていると言える。戦後の好景気で会社勤めの人たちが増えると、大家族での共同作業はかならずしも必要ではなくなった。また、同時に起こった機械化の波は、農作業にさえ変化をもたらした。田植えにしても稲刈りにしても、共同作業を必要としなくなったのである。

仕事の忙しさから開放された親たちは、同じく仕事から解放された子どもたちを、できるだけよい学校へ入れようと奮起するようになった。それは、子どもたちの幸せを願うという行為でもあり、よりよい学校へ進学することがよりよい就職先を見つけることへとつながると考えられており、実際に、高度経済成長期には、親の期待通りのことが実現されていたと言える。

しかし、そうした時代には、集団で人間関係を構築するようなことはもはや成立しない。社会の人びとは、ライバルでしかない。この時期、家庭教育の目的は、受験学力をつけることだけになったと言っても過言ではないだろう。

その後、バブル経済と名づけられた実態のない好景気の時代があり、そのバブルが崩壊すると、よい高校、よい大学へ進学しても、優良企業へ就職しても、本人が望んでいるような幸せな生活が送れるとは限らないというような事態が生じ始めた。

子どもの遊びも、高度経済成長期におけるテレビの普及や、その後の、ゲームの普及などによって徐々に変化し始めた。現在では、子どもたちがおおぜいで鬼ごっこをしたり、野球をしたりして遊ぶということが少なくなってきている。遊びの場面でも個人化が進んでいると言えるだろう。こうした時代に、親たちは、何をしていいのかとまどっているのではないか。集団での人間関係づくりはもはやできない。かといって、自分の子どもを頑張らせてよい学校へ進学させるということも、当の親でさえその出世物語を信じられない状態にある。

現在では事態はさらに悪化しているように思われる。ニート（NEET= Not in Employment, Education or Training）と呼ばれる、就職しているわけではなく、学校にも行かず、職業訓練を受けているのでもない一五～三四歳の若者が、厚生労働省の統計では、二〇一二年度で六三万人もいる。これだけの人数になると、本人の意欲の問題だけではないのは明らかだ。社会の制度そのものを改革する必要があると言える。

二　家庭における道徳教育

出発点としての家庭教育

学校教育が始まる前に、通常は、家庭において教育がなされる。そういった意味で、家庭は子どもの教育の出発点である。しかし、最近では家庭の教育力が低下したと言われる。その理由としては、上記のように、たとえば、出世物語を信じられなくなっているということなどをあげることができる。さらに加えて、核家族の中では、子育てさえ世代間に受け継がれていかないということも指摘できる。

小さな子どもを育てる母親はどのように行動すべきだろうか。子どもにとって完璧な母親はどんな母親だろうか。こういう風に考えるとすれば、その母親は、すでに問題の母親だということになるだろう。小児科医で精神分析家のドナルド・ウィニコットによれば、「ほどよい子育て（good enough mothering）」、「ほどよい母親（good enough mother）」が、大切なのである。

生まれたばかりの赤ん坊に対して母親は、献身的に世話をするが、母親の小さな失敗などによって、赤ん坊は自分の思うとおりにはならないことがあるということを少しずつ理解し始める。そして、生まれたばかりのときに持っていた母親と自分との一体感に違和感を覚え、自分と他者との区別が理解できるようになる。

母性と父性

家庭の中での母親の役割と父親の役割は大切である。そうした言い方をすると男女差別であると批判が生じるかもしれないが、少なくとも、母性と父性は必要である。母性とは、「優しい、包み込む、受容する」というようなキーワードで表現できるものである。父性は、「厳しい、切断する、厳格な」というようなキーワードで表現できるものである。母性の役割を担うのがかならずしも母親である必要はない。父親が母性的で、母親が父性的であってもかまわないし、また、単親が、母性と父性を同時に発揮してもかまわないと言える。

エゴグラムというものがある。エリック・バーンの交流分析という心理療法を元に、ジョン・デュセイが考案した自我状態の分析法である。このエゴグラムでは、自我状態を、厳格な父親の心（Critical Parent）、養育的な母親の心（Nurturing Parent）、合理的な大人の心（Adult）、自由な子どもの心（Free Child）、従順な子どもの心（Adapted Child）の五つの部分に分けてグラフ化する。それぞれの意味は次のとおりである。


CP…厳格で、信念に従って行動しようとする父親の心。自分の価値観や考え方を譲らず、批判的である。

NP…思いやりをもって他者のために世話をする母親の心。優しく、受容的である。

A…事実に基づいて合理的に考える大人の心。つねに冷静で客観的である。

FC…自分の欲求に従って行動する自由な子どもの心。自由奔放である。

AC…自分の気持ちを抑え、他者によく思われようとする従順な子どもの心。

エゴグラムでは、一人の人間の自我状態が五つに分類されて表現される。たとえば、男性であっても、NPが強いということは起こりうる。

ここで、父性、母性と表現したのは、このCPやNPのことである。家庭において子どもを育てるには、厳しくしつけるという父性的役割も必要であるし、共感的に受容するという母性的役割も必要である。

道徳教育の視点から考えると、現代の家庭では、この父性的役割が弱くなっているように思う。しかし、それは映画『ALWAYS 三丁目の夕日』で描かれているような昭和時代の家族イメージとの比較であって、どちらが望ましいのかは軽々には判断できない。家父長制の家族制度の問題点もあると言えるからである。

家庭のコミュニケーション

家庭教育の中で大切なことは何だろうか。それは、「よい子」を育てるということだろうか。もし、親の期待に応える子を「よい子」と名づけるなら、そうしたことは、むしろ大きな問題である。「よい子」は心に葛藤を抱えていることが多い。それは、自分の気持ちを押し殺して、親の期待に合わせようとするからである。そうした状態はストレスフルな状態である。ストレスは成長の糧ともなるが、強度なストレスは、問題行動へとつながることが多い。

先に述べたエゴグラムの言葉で言えば、ACが強くてFCの弱い子どもは、そうした「よい子」になる。一見したところ、手のかからないお利口さんだが、内に鬱積した思いは、不登校やキレるというような行動につながることもある。

では、たとえば、子どもが不登校になったとき、それを支援していけるだけの力がある家庭というのはどういう家庭だろうか。カウンセラーとしての経験から考えると、大切なことは、コミュニケーションである。母性的に接するにしても父性的に接するにしても、そこに豊かなコミュニケーションが成立していることが大前提である。親の立場から考えると、豊かなコミュニケーションがあると思っていても、子どもが言いたいことを言えないという場合もある。右に述べた意味で「よい子」として育てられている子どもはとくにそうした傾向が強い。

子どもは、学校でいじめられているというようなことをなかなか口にできない。恥ずかしいという思いもあるし、叱られるのではないかと考える子もいる。いじめられている自分を認めたくないという子もいる。だからこそ、日常の豊かなコミュニケーションによって開かれた家族関係がつくられていることが大前提となる。

三　地域社会における道徳教育

地域社会の役割

家庭における道徳教育と学校における道徳教育は、その役割が異なる。家庭教育としての道徳教育は親密圏の教育であるから、甘やかされることも多いが、一方で密室での教育になりがちなので、児童虐待も起こりうる。多くの児童虐待の事例では、子どもにとっては虐待されても親は親である。「自分か悪かった」と言って親を守ろうとする子どもが多い。痛々しいことであるし、子どもにとっての親の役割の大切さを考えさせられる。

そういう意味では、集団の中での道徳の学びは、家庭では難しい。やはり学校が中心になる。しかし、学校は、同年齢の子ども同士の集団活動がほとんどであり、異年齢の大人と交わることは少ない。そう考えると、地域社会で集団の規範を学ぶというようなことがさらに大切なことになってくる。そのためには、子ども会活動や、地域のお祭り、廃品回収などに子どもが参加することが求められる。

文科省の二〇〇三（平成一五年）度「道徳教育推進状況調査」によれば、学校と家庭や地域社会との連携は、九割近くの小学校、約八割の中学校で取り組まれている。しかし、高い割合で取り組まれているのは、学級・学年・学校通信の発行であり、「道徳性を養う体験活動等に保護者や地域の人々の参加を求めて行う」という項目は公立の小中学校で約五割程度である。

地域コミュニティの力が弱まっていることもまた現代社会の特徴であり、保護者による学校への協力は別にしても、地域が独自に子どもの教育にかかわろうとすることはあまり望めないと言える。

地域住民を巻き込むために

地域の教育活動は停滞気味だとはいえ、実は、ボランティアとして教育にたずさわってみたいという大人は少なくはない。子どもの体験活動研究会が、文部科学省委嘱調査「地域の教育力の充実に向けた実態・意識調査（速報）平成一三年九月・一〇月調査」

で明らかにしたところによれば、「自分の特技や経験を生かして学校でボランティアをする」に「進んで協力したい」と答えた者と「できる範囲で協力したい」と答えた者の数の合計は、七六％である。「公民館・図書館や地域で子どもを指導したり、見守るボランティアをする」は、六六％である。「地域で子どもたちの居場所や遊び場を確保したり、子どものための行事の世話をする」は、六六％である。要は、その意欲をだれがどのように実践に結びつけるかである。

そうした意味では、やはり学校が地域のセンターとして、教育活動を立案し、推し進めていくことが必要であるし、そのことを通して地域住民を巻き込んでいくことが必要であろう。また、現在のＰＴＡは、教師と子どもの保護者から構成されているが、その学校に通う子どもがいなくても、地域住民がＰＴＡに入会できるようなシステムをつくることも、地域住民を教育活動に巻き込むことにつながるだろう。

第四章で社会化を取り上げたが、道徳教育を社会化ととらえる立場から考えれば、地域社会の中で社会道徳について学ぶということが、一番直接的な道徳教育になると言える。さまざまな工夫を凝らしたい。

第九章

人権教育

一　人権・同和問題と国の政策

同和問題

一九六五（昭和四〇）年に出された『同和対策審議会答申』によれば、同和問題とは、「日本社会の歴史的発展の過程において形成された身分階層構造に基づく差別により、日本国民の一部の集団が経済的・社会的・文化的に低位の状態におかれ、現代社会においても、なおいちじるしく基本的人権を侵害され、とくに、近代社会の原理として何人にも保障されている市民的権利と自由を完全に保障されていないという、もっとも深刻にして重大な社会問題である」。

同答申によれば、こうした差別は、心理的差別と実態的差別に分類できる。前者は、

「人びとの観念や意識のうちに潜在する差別」であり、たとえば、封建的身分の賎称をあらわして侮蔑するなど、語や文字や行為を媒体として顕在化する。後者は、「同和地区住民の生活実態に具現されている差別」であり、教育や就職の機会均等が実質的に保障されないとか、政治に参加する権利が保障されないなどの差別である。

もちろん、こうした差別は許されるべきことではない。憲法にも、「国民は、すべての基本的人権の享有を妨げられない」（第一一条）、「すべて国民は、法の下に平等であって、人種、信条、性別、社会的身分又は門地により、政治的、経済的又は社会的関係において、差別されない」（第一四条）と謳われている。したがって、いまなお存在する差別の解消は、国民的課題であり、学校教育関係者にとっても、重大な課題である。

特別措置法による同和対策事業

同和問題の解決に向けて今までどのような取り組みがなされてきたのだろうか。国の政策としては、一九六九（昭和四四）年に同和対策事業特別措置法が制定された。十年間の時限立法として施行されたが、その後、三年間延長された。一九八二（昭和五七）

年には、地域改善対策特別措置法が施行され、「同和対策」という名称から「地域改善対策」に変わった。一九八七（昭和六二）年には、地域改善対策特定事業に係る国の財政上の特別措置に関する法律が施行され、その後幾度か改正されたが、二〇〇二（平成一四年）三月には特別措置法による同和対策事業は終了した。

こうした法律に基づく事業は、積極的な差別是正措置であり、日本ではポジティブアクション、諸外国においてもアファーマティブアクションと呼ばれて、女性や、社会的に差別されてきた民族などに対して雇用や教育を保障するという形で行われている。しかし、どの程度の是正を適正なものとみなすかについては議論があり、アメリカでは、大学入学をめぐる措置に関して裁判も起こっている。

人権教育への広がり

同和地区住民に対する差別を解消するために行われてきた同和教育は、特別措置法による同和対策事業終了後は、人権教育へと広がりを見せており、現在では、「人権・同和教育」という表現が用いられることが多い。人権教育という表現を用いた場合、そこに含まれる内容は大幅に広がる。たとえば、同和問題の他にも、性別による差別、子どもの虐待、高齢者への差別や再雇用問題、障害者の人権、外国人への差別、HIV感染者への理解などの問題をあげることができる。

「同和教育から人権教育への転換」は、国連で「人権教育のための国連一〇年」が決議されたことの影響が大きいととらえられる。これを受けて、一九九七（平成九）年には、「人権教育のための国連一〇年」に関する国内行動計画が策定され、同年、五年間の時限立法として人権擁護施策推進法も制定された。その後、一九九九（平成一一）年には、男女共同参画社会基本法が制定され、二〇〇〇（平成一二）年には、人権教育及び人権啓発の促進に関する法律が施行されている。この人権教育及び人権啓発の促進に関する法律では、第七条において、「国は、人権教育及び人権啓発に関する施策の総合的かつ計画的な推進を図るため、人権教育及び人権啓発に関する基本的な計画を策定しなければならない」と規定されており、これに基づいて、現在では「人権教育・啓発に関する基本計画」が定められている。

最近の出来事としては、二〇一六（平成二八）年に、障害を理由とする差別の解消の推進に関する法律（障害者差別解消法）、本邦外出身者に対する不当な差別的言動の解消に向けた取組の推進に関する法律（ヘイトスピーチ解消法）、部落差別の解消の推進に関する法律（部落差別解消法）の三つの法律が施行されている。

二　人権・同和教育

人権・同和教育

さて、放っておけば同和地区に対する差別はなくなるのだろうか。なくならないというのが基本的な認識であらねばならない。放っておいてなくなるものなら、すでに差別など存在しないだろう。むしろ、差別は、放っておけば継続し、そればかりか、たえず生まれてくると考えるべきである。ところが、学校教育においては同和教育のための時間はとくに設けられていない。

そこで、道徳科授業、総合的な学習の時間、学級活動の時間や社会科などがそれに充てられることになる。同和教育のために作成された地域資料などを見ると、道徳教育の資料として申し分のないものもある。しかし、道徳の時間のすべてを同和教育に充てることは、道徳教育の視点からは認められない。道徳教育には、道徳教育のねらいがあり、教えるべき内容が学習指導要領によって定められているからである。もちろん、道徳教育にとっても、人権意識は基礎となるものであり、積極的な連携を図るべきである。

さらに、道徳教育は、即効性のあるものではないと考えられるので、差別事象が目の前で起こっていれば、それに対する指導は道徳教育だけでは足りない。道徳教育は、その特徴から考えれば、さまざまな人権問題に共通に必要とされる道徳性を育むことがねらいとなる。人権・同和教育において培われる人権意識は道徳教育の基礎ともなるが、同時に、道徳教育において育まれる道徳性は、人権・同和教育において有効に機能する装置であらねばならない。いわば相補的にとらえることも必要である。

いじめ問題

学校の中での大きな人権問題と言えば、いじめである。文部科学省は、いじめを、以前は、「自分より弱い者に対して一方的に、身体的・心理的攻撃を継続的に加え、相手が深刻な苦痛を感じているもの」と定義していたが、二〇〇七（平成一九）年に出された二〇〇六（平成一八）年度の「児童生徒の問題行動等生徒指導上の諸問題に関する調査」において、その定義を「当該児童生徒が、一定の人間関係のある者から、心理的・物理的な攻撃を受けたことにより、精神的な苦痛を感じているもの」と改めた。被害者の視点からのとらえが強くなったと言えよう。この年のいじめの認知件数は、国公私立の小・中・高等学校及び特殊教育諸学校を含めて、一二万四千件を超えている。驚くべき数字と言えよう。

いじめは、もちろんなくすべきであるが、私はなくならないと考えている。それは、人間の本性の中にひとよりも秀でたいという欲求があるからだ。その欲求自体は悪いことではない。その欲求は競争を生み出すが、正当なルールのもとでの競い合いは、個人を成長させるし、また、社会を豊かにする力になる。しかし、それは時としていびつな関係をつくりだす元にもなる。

哲学者のニーチェは、キリスト教道徳を奴隷道徳だと述べた。キリスト教道徳は、現実の世界で主人に抵抗することのできない奴隷が、精神的に主人を見返すための物語だと考えたのである。そして、弱者の道徳から抜け出すために「神は死んだ」と主張した。この説明の中にも、他者よりも秀でたいという人間の欲求を見いだすことができる。奴隷は奴隷のままではいられない。精神世界において主人に対して復讐しようとする。そうした側面を人間が持っているからこそ、自分よりも社会的に下位の人物をつくろうとする。あるいは、虐げられたストレスのはけ口としてより弱い者を求め、攻撃するのである。

こうしたタイプのいじめに対しては、すべての子どもがなんらかの領域で高く評価されるように、できるかぎりたくさんの評価軸を用意することが必要である。たとえば、勉強はあまりだめだけれどもスポーツはうまいとか、スポーツはだめだけれど絵を描かせたらとても上手だとか、歌を歌わせたらプロ並みだとか、そうしたことを学校教育の中に用意することである。

もちろんいじめにはさまざまな種類があり、こうした形のものばかりではない。たとえば、悪ふざけタイプのいじめでは、加害者は、ふざけているだけでいじめているという意識がないこともある。そうした場合、被害者の気持ちに気づかせることが大切である。

また、ときとして、正義と勘違いして行われるいじめもある。「あの子は悪い子だから罰するのだ」という理由で行われるいじめである。こうした事例では、いじめている本人たちが正しいことをしていると思い込んでいるので、指導が難しい。

いじめ問題の事例を検討すると、違いのないところに違いを見つけ、集団から排除しようとする構造が見て取れることがある。まるで、差別するという目的が先にあって、それを実現するために、違いのないところに無理矢理違いを見いだそうとしているかのようである。

こうしたいじめが人権を侵害していることは間違いない。人権はすべてのひとに認められる権利である。ではどのように対応すればよいのだろうか。

いじめ問題への対応

いじめの四層構造という考え方がある。いじめには、加害者と被告者の他に、まわりではやし立てる観衆と、見て見ぬふりをする傍観者がいる。いじめが発覚すれば、もちろん、被害者を支援し、いじめの加害者に対する指導が行われなければならない。が、実は、傍観者に対する指導がとても重要だと言われている。というのは、いじめが行われる際に、観衆がおもしろがって騒ぎ、傍観者が見て見ぬふりをすることで、いじめがエスカレートするからである。逆に、多数の傍観者がいじめは許さないという態度をとると、いじめは沈静化する。集団の圧力が働くからである。

アメリカの心理学者アッシュは、同調行動に関する実験を行っている。被験者八人に、線の描かれたカードを見せて、モデルの一本の線と同じ長さの線を、長さの違う三本の線から選ばせた。八人のうち先に解答する七人はじつはサクラで、わざと間違った長さの線を選ぶ。すると残りの一人も、周囲の影響を受けて間違った長さの線を選んでしまう。こうした間違いを犯した者が被験者五〇人の中で三七人もいたと言う。

こうした実験から、次のようなことが推測できる。いじめを許容する雰囲気が学級の中にあると、それがその集団の規範となり、また、集団の同調圧力となり、いじめが発生しやすくなる。ところが、逆に、いじめは絶対に許さないという雰囲気が学級内にあると、いじめは起こりにくくなる。

では、そうした雰囲気をどうすればつくれるのだろうか。まず行動すべきは教師である。教師集団が、いじめは絶対に許さないという態度を取ることが求められる。要点は、教師も集団で動くということである。たとえば、いじめ対応のプログラムとしてピースメソッドというものがある。そうしたプログラムを実施することで、教師集団が本気になっていじめを止めさせようとしていると児童生徒に感じさせることが肝要である。ピースメソッドは、実践報告を見るかぎり効果的な方法だと言えるが、実は、教師が集団としていじめに対応できるようなものなら他のプログラムでもかまわないと言える。

三　道徳教育の視点から

人間本性

先に、「いじめはなくならない」という趣旨のことを書いた。それは、人間の本性を悪と考えることになるのだろうか。

儒家の一人である孟子は、性善説を唱えた。彼の考えでは、人間には先天的に四端の心が備わっている。それは、惻隠、羞悪、辞譲、是非の四つの心である。惻隠とは、他者の不幸を見過ごせない憐れみの心である。羞悪とは、不正を羞恥する心である。辞譲とは、他者に譲ろうとする心である。是非とは、ものごとの善悪を判断する心である。これらが端緒となって「仁・義・礼・智」の四つの徳が実現する。

たしかに、こうした心があると前提しなければ道徳教育など成立しないように思われる。

それに対して、同じく儒家の一人である荀子は性悪説を唱えた。人間の本性を、かぎりない欲望と見定め、外的な規範としての「礼」によって規制することで善が実現されるとした。こうした性悪説は、キリスト教の原罪説などとはまったく異なるものであり、人間の欲望がまったくの道徳的悪や宗教的悪とみなされているわけではない。しかし、どのような性悪説を採るとしても、ひどいいじめの事例などを見ると、人間の本性を悪とみなすという主張そのものを、私たちは肯定したい気持ちになってしまう。

『孟子』の中に論争相手として出てくる告子は、人間の本性は善でも悪でもないと言う。彼は、「人間の本性は、渦巻く水のようなものだ。捌け口を東側につければ、東へ流れる、西側につければ、西へ流れる。水が東へも西へも流れるように、人間の本性にも善悪の区別はない」と言う。教育の視点から考えると、善悪両方向への人間の可塑性を前提しているという点で、こうした考え方が一番しっくりくるのではないだろうか。

いじめはなくならないとは言っても、なくすべきである。差別も同様である。たとえいったんなくなったとしても、もう二度とそうしたことが起こらないということにはならない。そうした意味で、いじめはなくならないと言える。そこで、一方で、子どもの善性を認めつつも、たえず悪へと向かわないように支援することが必要だと言えよう。それは、少なくとも、人間の本性を完全な悪とみなすことではない。悪へと向かわせようとする環境からの影響があるときに、それをできるかぎり、自らの力でコントロールできるように支援するということなのである。

私の中にもある差別意識

差別意識の芽は、それが本性であるのかどうかは別にしても、だれの心の中にもあると言える。

たとえば、密林の聖者と言われたシュバイツァーは、以前は、道徳の資料の中でもよく取り上げられていた。彼は、アフリカの赤道直下の国ガボンのランバレネで医療活動に従事し、ノーベル平和賞を受賞している。しかし、彼の評判はアフリカ現地ではあまりよくないらしい。彼は、ヨーロッパ人を兄、アフリカ人を弟とみなす白人優位主義者であり、一部のアフリカ人からは、ヨーロッパの帝国主義・植民地主義のシンボルとみなされている。当時の時代状況を考えれば、彼のとった行為は、ヒューマニズムの発露以外のなにものでもないと私は思う。しかし、彼個人の思いや行為とは別に、支配される側からはそれがどのようにとらえられるかを考えなければならない。そうした優れた人物の中にも差別意識は隠れていると言えるのではないだろうか。

シュバイツァーを持ち出さなくても、凡夫である私自身を振り返ってみて、勤務先で大学の教員にはあいさつをするが、出入りの清掃業者にはあいさつをしないということが今までなかっただろうか。そうした行為は、職業による貴賤の差を認めているということではないか。これもまた差別意識の芽であると言えよう。ほかにも、たとえば、田舎よりも都会にあこがれるとか、汚れた服を着ているひとよりも、きれいに着飾っているひとに好感を持つとか、そうしたこともすべて差別の芽になりうる。こうしたことまで注意し始めたらきりがないし、かえって、すべてのひとにとって生きにくい社会をつくることになってしまうのではないかとも思われるかもしれない。しかし、自分の意識の中にもそうした差別の芽がありうるということを意識することは、とくに道徳教育に携わろうとする人間にとっては必要なことだと言ってよいだろう。

道徳教育と人権意識

学習指導要領に規定された道徳の内容には、直接に差別に触れているものがある。それは、小学校学習指導要領の「誰に対しても差別をすることや偏見をもつことなく、公正、公平な態度で接し、正義の実現に努めること」(高学年)、および、中学校学習指導要領の「正義と公正さを重んじ、誰に対しても公平に接し、差別や偏見のない社会の実現に努めること」という記述である。

こうしたことを道徳の時間に教えることは難しいことである。そんなきれいごとばかりではないのが世の常だからである。結果として、道徳科授業では建前を語り、本音を隠すことになる。そうならないようにするためには、取り上げられている内容項目の重要性を、教師がどの程度理解し、実践しているかにかかっていると言ってよいだろう。

「教える・教えられる」という関係性においては、教師と子どもは対等ではない。しかし、人権に関しては、子どもたちも大人と同等である。そのことを教師が理解し、実践しているのでなければ、子どもたちに人権意識を育てることは難しい。つまり、子どもの人権意識を高めることができるかどうかは、教師の人権意識にかかっているのである。

さて、人権・同和教育について取り上げてきた。その重要性は否定のしようもないが、しかし、その内容についてはさまざまな団体や個人がさまざまな意見を持っている。いろいろな立場を探り、検討していただきたい。また、本書では、道徳教育との関連において、人権・同和教育を取り上げたために、たとえば、被害を受けた子どもをどう支援するか、関係機関との連携をどのように組むか、など、語り残した問題も多々ある。そうした問題についても、さまざまな文献にあたっていただきたい。

◉第十章

宗教教育

一　政教分離の原則

法律の規定

日本国憲法の第二〇条では、次のように信教の自由、政教分離の原則が謳われている。すなわち、「信教の自由は、何人に対してもこれを保障する。いかなる宗教団体も、国から特権を受け、又は政治上の権力を行使してはならない。二　何人も、宗教上の行為、祝典、儀式又は行事に参加することを強制されない。三　国及びその機関は、宗教教育その他いかなる宗教的活動もしてはならない」。

これを受けて、教育基本法の第一五条でも、次のように記されている。「宗教に関する寛容の態度、宗教に関する一般的な教養及び宗教の社会生活における地位は、教育上尊重されなければならない。二　国及び地方公共団体が設置する学校は、特定の宗教のための宗教教育その他宗教的活動をしてはならない」。

いずれも、政治と宗教の分離のみが主張されているのではなくて、宗教を信じる自由や宗教に関する寛容の態度などを保障することがまず唱えられ、その保障のために、国や地方公共団体や、それらが設置する学校などが、特定の宗教だけに便宜を図るようなことがないように、政教分離が謳われているのである。

道徳教育と私学における宗教教育

学校教育法施行規則の第五〇条第二項では、「私立の小学校の教育課程を編成する場合は、前項の規定にかかわらず、宗教を加えることができる。この場合においては、宗教をもって前項の道徳に代えることができる」と規定されている。第七九条では、この条項を中学校にも準用することが記されている。したがって、私立の小学校および中学校では、「道徳」に代えて「宗教」を置くことができる。

「宗教」が「道徳」に代えて設置可能なのは、宗教の教えが道徳の教えとも重なるからである。たとえば、キリスト教には、神から与えられた「モーセの十戒」と呼ばれる戒めがある。これは、カトリックの十戒では、三番目までが宗教的な教えで、残りは道徳的な教えになっている（宗派によっては、四番目までが宗教的な教えになっている場合もある）。たとえば、「あなたの父母を敬え」とか、「殺してはならない」とかの教えが説かれている。また、たとえば、仏教の五戒は、在家の信者が守るべき戒めであるが、これらは五つともに道徳的な教えであると言える。

一方で、私立学校における教育もまた公的な性質を持っている。たとえば、教育基本法では次のように規定されている。「第八条　私立学校の有する公の性質及び学校教育において果たす重要な役割にかんがみ、国及び地方公共団体は、その自主性を尊重しつつ、助成その他の適当な方法によって私立学校教育の振興に努めなければならない」。しかし、国や地方公共団体の助成を受けつつ宗教教育を行うということは、憲法の第二〇条に違反することにはならないのだろうか。

この問題については、さまざまな意見があるだろう。ここでは、津地鎮祭訴訟の最高裁判決に触れておこう。これは、三重県津市の市立体育館の建設に際して行われた地鎮祭のおりに市長が公金の支出を行ったことが問題であるとし、津市議会議員が地方自治法に基づき、損害補塡を求めて出訴したものである。地鎮祭は、神道の宗教的儀式と考えられるからである。

一審では原告の請求棄却、二審では原告勝訴、最高裁判決〈一九七七(昭和五二)年七月一三日〉では、二審判決の市長敗訴部分を破棄し、原告の請求を棄却した。

その判決文の中に次のような文言がある。「政教分離原則は、国家が宗教的に中立であることを要求するものではあるが、国家が宗教とのかかわり合いをもつことを全く許さないとするものではなく、宗教とのかかわり合いをもたらす行為の目的及び効果にかんがみ、そのかかわり合いが右の諸条件に照らし相当とされる限度を超えるものと認められる場合にこれを許さないとするものであると解すべきである」。

つまり、現実的には完全な分離は求められておらず、その行為の目的及び効果にかんがみ、そのかかわり合いが一定の限度を超えるものと認められる場合にのみ許されないということなのである。この考え方は「目的効果基準」と呼ばれており、その後の政教分離に関する裁判の判断基準となっている。この考え方にしたがって、宗教教育を行う私立学校への国や地方公共団体からの助成は許されると考えられている。

人間の力を超えたものに対する畏敬の念

公立学校の「道徳」においても、宗教的次元にまで言及せざるをえないように思われる事柄がある。それは、学習指導要領の道徳の内容に「美しいものや気高いものに感動する心や人間の力を超えたものに対する畏敬の念をもつこと」（小学校高学年）、「美しいものや気高いものに感動する心をもち、人間の力を超えたものに対する畏敬の念を深めること」（中学校）と記されているからである。「人間の力を超えたもの」とはいったい何か。

まず考えられるのは、自然の力であろう。道徳の時間に使われる副読本の中にも、自然の美しさや自然災害などの話題が取り上げられている。しかしたとえば中学校版では、「自然の崇高さ」については「自然愛護」の項目の中に書き込まれている。したがって、それらとは区別された「人間の力を超えたものに対する畏敬の念」が記されているのである。

畏敬とは「畏れ」かつ「敬う」ことである。人間が畏れるものはいろいろあるだろう。敬うべきものもいろいろあるだろう。しかし、畏れかつ敬う対象というのはそう多くはないのではないか。畏敬の念に打たれるとすれば、そこに宗教的なものが刷り込まれてはいないだろうか。たとえば、樹齢何百年もの大きな木は、命の営みを感じさせ、人間の命の短さを感じさせ、自然の力の偉大さを感じさせてくれる。そうした巨木の前で、畏敬の念を持つほどに「すごいな」と感じ入るとき、その巨木は信仰の対象になるのではないか。事実、巨木には、しめ縄が張ってあることも多い。まさしく信仰の対象物になっているのである。

二　宗教教育をめぐる諸問題

「合掌。いただきます」

給食の前に「合掌。いただきます」と号令をかけて、全員がいっせいに食事を始める。こうした光景を見たとき、皆さんは、どんなことを感じるだろうか。そうしたことを自らが体験している場合は、違和感はないだろう。しかし、そうした体験のないひとにとっては、驚きであるにちがいない

一九九六（平成八）年に、この号令の問題が富山県で大きな話題となった。他県から富山県に引っ越してきたひとが、それは仏教の儀式であるとしてその中止を求めたの

である。そのことは新聞でも取り上げられ、県議会でも議論された。

そもそも合掌するということはかならずしも仏教だけの儀式ではない。他の宗教でも合掌して祈りを捧げることはある。とすれば、「いただきます」という言葉が問題なのだろうか。もしそれが神に対する感謝を表しているとすれば、政教分離に反すると言えるだろう。しかし、命をいただくことへの感謝とか、つくってくれた人への感謝だとすればどうだろうか。問題だと感じないひとにとっては、何が問題であるのかさえ理解しづらい。しかし、問題だと感じるひとにとっては、たとえば、「命をいただく」という表現さえ宗教的だと感じられるに違いない。

こうした問題についてもまたさまざまな意見があるだろう。少なくとも、教師がどういう意図で行っているかということを説明すればそれで解決するというものではない。配慮しなければならないのは、子どもの気持ちと保護者の思いである。

命の教育

一九九七（平成九）年に起こった神戸連続児童殺傷事件や、二〇〇四（平成一六）年に起こった長崎県佐世保市女子児童殺害事件などをきっかけとして、命を大切にする教育の必要性が今まで以上に声高に叫ばれるようになった。その大切さは否定のしようもない。

しかし、この「命の教育」もまた宗教的な側面を持っている。そこで語られるのは、生物学的な命だけではないからである。ひとによっては、そのことを強調するために、漢字ではなくひらがな表記で「いのちの教育」と表現する者もいる。そこには、文化的な意味合い、宗教的な意味合いなども含まれている。

以前、「なぜ人を殺してはいけないのか」という問いが大きな話題になったことがある。テレビの番組の中で、中学生によって投げかけられたこの問いかけに、その場に居合わせた大人たちは答えることができなかった。その後、この話題について、雑誌で特集が組まれたり、書物が出されたりした。そこで示された答えはさまざまである。それは文学の大問題であってそう簡単には答えられないというものや、殺したってかまわないというものもあった。いずれも「なぜひとを殺してはいけないのか」と問いかける中学生ならさらに問い続けるだろうと思われるような答えであった。

こうした問いは、いわば大人をやりこめるための問いである。合理的に考えて根拠を示せるはずもない。宗教は、こうした問いに対して答えるのに都合のよい構造を持っている。守るべきルールは、多くの場合、「人間の力を超えたもの」からの指令として示されるからである。その根拠を問うことは許されない。しかし、公立学校ではそうした宗教的な答えを示すことは、政教分離の原則にしたがって、禁止されるのである。

三　宗教教育とは何か

宗教教育のとらえ方

さて、公立学校では宗教教育はできないわけだが、そのことで問題が生じているのだと主張する者もいる。たとえばオウム真理教事件に見られるように、高学歴の科学的知識も十分持っているひとたちが、わけもなく、反社会的なオカルト教団に絡め取られてしまうのはなぜだろうか。それは、宗教教育をしていないからだと言うのである。こうした主張をする場合でも、単純に、仏教やキリスト教などの特定宗教を教えればよいという話にはならない。

とすると、宗教教育とは何かということが問題になる。少なくとも、宗派教育、宗教知識教育、宗教的情操教育の三つは区別すべきである。

宗派教育とは、特定の宗教の教えを信仰として教えるということである。宗教知識教育は、宗教に関する知識を教えるということである。これは現在でも、たとえば、高校「倫理」などで教えられている。宗教的情操教育とは、特定の宗教や宗派に限定せずに、通宗教的な宗教性を教える教育である。

宗派教育は、公立学校では、政教分離の原則に従って禁止されている。宗教知識教育は、現在でも行われている。宗教的情操教育は、道徳において「人間の力を超えたものに対する畏敬の念」を育てる形で教えられているようにも思われるが、十分なものではないと言えよう。

宗教的情操教育は可能か

道徳の副読本に収められた資料に、「むね赤どり」というものがある。これは、『ニルスの不思議な冒険』で有名なラーゲルレーヴの『キリスト伝説集』から採られたものである。次のような内容である。

昔、神様が、いろいろな生き物をつくったときにむね赤どりもつくった。しかし、むねが赤くはなく、むね赤どりも不思議に思っていた。あるとき、茨の冠を被らされて刑場に連れて行かれる罪人がいた。茨のトゲが刺さって痛々しかったので、むね赤どりは飛んでいってトゲを抜いてあげた。そのとき、ピューと血が吹き出て胸が赤く染まった。それ以降、生まれてくる子どもたちも胸が赤くなった。

茨の冠を被った罪人は、もちろんイエス・キリストのことであるが、教師用の指導書には、キリスト教には触れないように指示されている。しかし、特定の宗教の教えに触れずに、この資料だけで何を教えることができるのだろうか。人間の力を超えたものに対する畏敬の念は育つだろうか。あるいは、宗教的情操は涵養できるだろうか。

科学的な見方をすれば、これはありえない話である。こういう話が語られる場の雰囲気とか、教義の体系が前提されてこそ、意味のある話になるのではないかと思う。つまり、宗教的情操教育もまた、特定宗教を前提にしなければ、意味のないものになるのではないだろうか。

しかし、特定の宗教には限定されない宗教性の発達を説く研究者もいる。アメリカの宗教心理学者ジェームズ・ファウラーと、スイスの宗教心理学者フリッツ・オーザーである。

宗教性の発達

ここでは、オーザーの考え方を取り上げよう。彼は、パウル・グミュンダーとともに、コールバーグの研究と同じデザインで宗教性の発達について検討している。彼らは、宗教的なジレンマ資料を提示して、その答えから、特定の宗派に限定されない宗教性の発達があるということを明らかにしている。

そのジレンマの一つが次に示すパウルのジレンマである。その概要は以下のとおりである。

パウルという若者が医師の国家試験に合格した。彼には、婚約者がいる。彼の両親は、彼にイギリス旅行をプレゼントした。彼は飛行機で旅立つが、その飛行機がエンジントラブルを起こし、墜落しかける。彼は、墜ちていく飛行機の中で神様にお祈りする。もし自分が助かったら、人生のすべてを第三世界の人びとのために捧げ、婚約者がいっしょに来ないなら結婚もしない、と祈る。飛行機は墜落するが、彼は奇跡的に助かる。彼が自宅に戻ると、私立病院医師というすばらしい地位が彼に用意されている。

このジレンマに対して、第三世界の人びとのために尽くすか、私立病院の医師になるかと問う。しかし、どちらを選んでも宗教性の発達とは関係がないと考えられている。大切なのはその理由づけである。

たとえば、私立病院の医師になることを選択したとしても、その理由は、「神なんてほんとうは存在しないのだから、祈りを守る必要はない」というものであるかもしれず、「病院に職を与えられたのも神の思し召しなのだから、私立病院の医師となって働くのが神の意志に応えることになる」というものであるかもしれない。その理由の中に現れた神との関係によって発達段階が考えられるのである。

その発達段階は以下のとおりである。

段階ゼロ　内部／外部の二分割の視点

子どもは、外部にあるさまざまな力を区別できない。内部と外部の区別しかできない。

段階一　機械じかけの神の視点

子どもは、すべてのものが外部の力によって導かれ、指導され、操られていると考える。究極者（神）の力が、大人や教師の力とは区別される。

段階二　「私はあなたが与えるために与える」という視点

結果を客観視し、それを究極的な外部の力と調整できる。私たちは、究極者に影響を与える手段がある。

段階三　理神論の視点

ひとは、責任のとれる、意志決定のできる自己である。それは、究極者が意志決定領域であるのと同様である。

段階四　相互関係と救済計画の視点

無制約者は超越論的なものとして考えられるが、それがあらゆる決定と行為の可能性の条件となるという意味で、主体の中に置かれる。

段階五　無制約的な相互主観性を通しての宗教的自律の視点

自己と全体性の関係は、相互主観的に媒介されると認められる。

この上にさらに段階六も考えられると言う。それは、「普遍的な交わりと連帯」である。ただ、その存在を保証する経験的データが見つからないと言う。

こうした発達段階を想定する際に考えられているのは、「主体—究極者—主体」の三者関係である。知的発達は、「主体—客体」関係の発達であり、社会的発達は「主体—主体」関係の発達であるということと対比すればわかりやすい。

オーザーらの研究によれば、被調査者らの反応に宗派による違いは見られなかった。もし彼らの主張が正しいとすれば、特定宗教に限定せずに、宗教教育を行える可能性がある。

しかし、宗教的発達が「主体—究極者—主体」の関係であるという点は、少し気がかりである。たとえば、仏教のように、唯一絶対神を想定しない宗教はどうなるのか、あるいは、神道のように、多神教の宗教ではどうなるのか。オーザーの研究は、ユダヤ・キリスト教文化圏で行われているので、仏教・儒教文化圏でも成立するかどうか確認が必要であろう。

さて、道徳教育と宗教という話題について述べてきたが、宗教も、道徳以上にさまざまな考えや解釈がある。さまざまな文献にあたって、その定義やそれを教えることの意味を検討していただきたい。

◉第十一章

諸外国の道徳教育

一　文化の違いと道徳教育

国々における事情の違い

ある道徳教育の研究会の席上で、私が日本の道徳授業のビデオを紹介したときに、イギリス人の研究者から批判を受けた。「ここで取り上げられているのはマナーの問題であって、道徳ではない」と言うのである。私は、「この授業ではマナーの問題が取り上げられているから、道徳教育と言えるのだ」と答えた。さらに、「日本では学習指導要領で何を教えるのかが決められており、マナーの問題もそこに記されている」とつけ加えた。

紹介した授業は、本書でも取り上げているモラルスキルトレーニングであったので、日本の道徳授業の典型例というわけではなく、特殊な内容と言えるかもしれない。しかし、小学校二年生を対象とし、現在の学習指導要領に合わせて言えば「礼儀」という内容項目を扱った道徳授業であり、学習指導要領に準拠したものである。

こうした出来事からわかることは、道徳についてのとらえ方は、文化や宗教や社会によって異なるということである。したがって、道徳教育の制度も、国によって大きく異なっている。宗教教育を行うことで道徳性が培われるのであるから学校でも宗教を教えようと考える国もあれば、宗教教育と道徳性の育成は密接に関連しているから、逆に学校では道徳を教えるべきではないと考える国もある。また、道徳を宗教とは切り離されたものだと考えて、道徳教育を実施している国もある。

西洋文明と道徳教育

西洋文明の背景には、ユダヤ教、キリスト教など一神教の宗教がある。宗教の教えは、多くの場合、道徳的な内容を含むものである。その道徳は、個人が理性に照らして把握するような種類のものではなく、唯一絶対神から与えられるものである。したがって、古代・中世の社会においては、信仰を持たないということは、不道徳な人間であるということを意味する。ここで「不道徳」と表現したのは、道徳と関係がないという意味ではない。道徳的に悪であるという意味である。

現代では、こうしたことは成り立たない。人間の理性的な判断に基づく道徳の可能性が認められているからである。現代社会において信仰を持たないということは、道徳とは関係がないという意味で非道徳的なことであるとは言えるが、そのことによって人間性そのものが否定されるわけではない。

西洋文明をユダヤ・キリスト教文化圏としてとらえると、その外側にイスラム教文化圏や儒教・仏教文化圏がある。ユダヤ・キリスト教文化圏とイスラム教文化圏の間には、対立もあるが、どの宗教も一神教であるという点に変わりはない。また、その内容には、互いに影響し合っているところもある。違いという点では、ユダヤ教・キリスト教にとっては、イスラム教よりは、むしろ仏教との違いの方がずっと大きいと言える。

西洋社会では、ドイツのように、公立学校で宗教教育を行っている国もある。ドイツでは、学校で宗教教育を受けることは権利であるという意識が広まっていると言われている。信仰を持たない人間は、非宗教的な「倫理」の授業を受けることも認められている。またイギリスでは、宗教教育から徐々に、宗教と切り離された人格社会性教育や、市民性教育へと移行しつつある。さらに　フランスのように宗教教育が禁止されている国もある。フランスでは宗教と切り離された市民教育が行われている。フランスと同様にカトリック信者の多いスペインでは、「宗教」は、一九九〇年に一般教育制度調整法によって必修科目から選択科目になったものの、公立学校でも宗教教育は行われている。

制度は多様であるが、全体的な傾向として、宗教教育を行っている国でも、徐々に市民性教育へと転換しつつあると言える。

東洋文明と道徳教育

東洋文明を儒教・仏教文化圏としてとらえることにしよう。儒教は、孔子の教えに端を発するもので、宗教とまでは言えないが生き方の教えであるととらえることができるだろう。仏教は、言うまでもなく、ガウタマ・シッダールタによって始められた宗教であり、キリスト教、イスラム教と並んで世界三大宗教の一つと言われている。

しかし、仏教はその根本教義の中には、唯一絶対神が存在せず、キリスト教やイスラム教とは相当に違っている。儒教・仏教文化圏では、宗教と切り離された道徳教育が行われることが多いが、そうした文化的背景が影響しているのかもしれない。

中国では、二〇〇一年段階では、小学校一、二年生において「品徳と生活」、三年生からが「品徳と社会」、中学校では「思想品徳」という道徳教育の教科があり、中学校高校において「思想政治」があった。日本と比較したときに、政治的な色合いの濃い道徳教育であると言える。現在も改革が進められていて、今後「道徳と法治」になると聞いている。韓国でも二〇〇七年段階で、小学校一、二年生については、「正しい生活」、小学校三年生から高校一年生までが「道徳」という名称で、道徳教育が教科として教えられている。日本では、これまでは教科ではなかったが、道徳の時間が設定されていたので、やはり、類似した文化的背景が影響しているとみなすことができるのではないだろうか。

各国の道徳教育を比較検討しようとするときに、どのような名称になっているかということの確認だけでは、内容がよくわからず検討しにくい。日本の例で言えば、高校の公民科の中に「倫理」という科目があるが、これは道徳教育とみなしていいのだろうか。まったく無関係ではないにしても、小中学校における道徳教育とは相当に隔たりがあるとも言える。また、内容が確認できても、それを道徳教育とみなすかどうかの判断に迷うこともある。たとえば、中国の中学校高校において教えられている「思想政治」を、道徳教育とみなしてよいのだろうか。儒教的な発想からすれば、個人の道徳は政治へとつながっている。しかし、日本の戦後の道徳教育ではそうした面は薄められている。こうした問題があるということを念頭において、いくつかの国の事情を見てみよう。

二　西洋における道徳教育

アメリカの道徳教育

まず、公立学校における宗教教育は、憲法に規定された政教分離の原則によって禁止されているアメリカ合衆国の場合を取り上げよう。

アメリカ合衆国では、国が定めた教科としての「道徳」は存在しない。また、日本のように、全国統一のカリキュラムで、教科外の道徳の時間が設けられているわけでもない。しかし、州によっては道徳教育を実施しているところもある。

道徳教育のプログラムは、実施されている学校によっても違いがある。通常は、moral education という表現は、あまり使われずに、values education（価値教育）や、character education（品性教育）という表現が用いられる。

授業方法としては、以前には、品性教育、価値明確化、道徳性発達論などが用いられていたが、近年は、品性教育が中心になっていると言われる（ヒギンズ、一九九五年、四三三頁）。内容として取り上げられる道徳的価値は、さまざまではあるが、比較的よく取り上げられるものとしては、尊敬、責任、信頼などがある。

イギリスの道徳教育

次に、宗教教育の徹底によって道徳性の育成ができると考えてきたイギリスの場合を取り上げよう。

イギリスでは、一九四四年教育法によって宗教教授が必修教科とされていた。そこでは聖書によるキリスト教教育が行われていた。だが、一九八八年教育改革法によって、宗教教授は宗教教育と名称変更され、必修であることには変更はなかったが、他宗教への配慮もすることとなった。

こうした変革は、一九六〇年代以降の社会変化を反映しているととらえることができる。イギリスでは、六〇年代に多数の外国人労働者が流入して、イギリスの公立学校で学ぶ外国人の子どもたちが増えてきた。その中には、キリスト教以外の宗教を信仰する人たち、とくにイスラム教徒もいたことから、宗教教育によらない道徳教育が求められるようになった。そうした社会背景のもと、ジョン・ウィルソンの道徳教育プロジェクトや、ピーター・マクファイルのライフライン計画などの道徳教育プログラムが提案された。

一方、宗教によらない人格形成、社会性形成の教育として、一九八〇年代には、PSHE（Personal, Social and Health Education: 人格社会性健康教育）が導入されるようになった。カリキュラム内容としては、自分自身、人間関係、市民性、健康、安全、生活様式、コミュニケーション、キャリア教育などが教えられている。円になって話し合う「サークルタイム」と呼ばれる実践の報告などを見ると、日本のカリキュラムで言えば、特別活動に近い活動だとみなすこともできる。

三　東洋における道徳教育

韓国の道徳教育

さて、韓国の場合は、一九九八年に第七次教育課程の告示があり、ナショナルカリキュラムが改訂された。道徳は、以前から、重要な教科として位置づけられており、小学校一年生から高等学校の一年生まで必修教科として設置されている。ただし、小学校一、二年生では、国語との合科として「正しい生活」という教科になっている。教科書についても国定のものが一種類存在するのみである。

道徳科の一般的目標では、礼節や道徳規範を身につけること、合理的な道徳的判断力を育成すること、正しい市民意識と国家・民族意識および人生の理想と原則を体系化し実践することのできる道徳気質を培うことが謳われている。

内容は、「個人生活」「家庭・近所・学校生活」「社会生活」「国家・民族生活」の四つの領域に分けられている。

こうした目標や、内容の四つの分類など、日本の道徳教育とも似ているところがある。日本では、道徳が教科化されることになったが、韓国の教科としての道徳教育は、先行例として参考になるのではないだろうか。中国の道徳教育も参考になるが、政治体制の違いを考えると、韓国のほうが、日本の道徳教育にとってさまざまな示唆を与えるように思われる。

ところで、韓国でも、宗教教育は禁止されているが、一九八二年に、公立学校でも、選択科目として「宗教」を開設することが認められるようになった。もちろん、政教分離の原則は、従来どおりであり、特定の宗派の教義を教えることは認められていない。こうしたことが可能になったのは、宗教立の学校でも、「宗教」が正規の教科になっていなかったため、宗教立学校が正規の科目とするように要請したことがきっかけとなっている。世界的な流れとは逆行しているようにも思えるが、正規の教科として位置づけられることで、かえって教派教育はやりにくくなり、通宗教的な宗教教育が行われるようになったとの指摘もある。

中国の道徳教育

中国では、以前から、道徳は筆頭教科として位置づけられている。小学校では、思想品徳科が設けられており、週一回の授業がある。半年で一冊の教科書が教えられ、六年終了までに十二冊の教科書を学ぶ。中学校、高校では、思想政治科が設置されており、そこでは、道徳規範教育とともに政治規範教育が行われている。高校では、弁証唯物論を学ぶようになっており、社会主義の政治思想が取り上げられている。道徳と政治が強く結びつけられているところに中国の道徳教育の特色があると言えよう。

中国広州の中山大学を訪ねたおり、道徳教育の担当者の三人が女性であった。そのことを話題にすると、当の担当者からは、男性は政治学を志すからだという返答があった。人びとの意識の中で、道徳教育が政治学と結びついているということを強く感じさせられた出来事であった。

国家をあげての道徳教育の推進という点では、日本は中国に遠く及ばないと言える。しかし、一方で、二〇〇八年の北京オリンピックの際に、その準備段階から、中国での、たとえば公共交通機関利用のマナーの悪さがマスコミで取り上げられ、開催中も観客の観戦マナーの悪さがマスコミを賑わせた。前者は、慣習として国際社会に通用するマナーが確立していないということのようである。また後者は、愛国心のあまり、他国の選手を罵倒するような応援がなされていたようである。私たちは、日本の道徳教育を振り返って、そうしたことがないかどうかを確認しなければならない。

◉第十二章

道徳教育の課題

一　道徳教育の原理的課題

道徳教育の研究を外に開くということ

二〇〇六年に、国際的な道徳教育の研究雑誌『道徳教育ジャーナル』のモニカ・テーラー編集長が来日された際に、日本の麗澤大学で、中国、韓国、日本の道徳教育研究者が集まって小さな研究会が開催された。その際、アジア太平洋地区道徳教育ネットワーク（Asia Pacific Network for Moral Education）という組織が立ち上げられ、その後、アジア諸国やオーストラリアなど太平洋地区の研究者に声をかけて、二〇〇七年には中国の中山大学で第二回研究大会が、二〇〇八年には中国の北京師範大学で第三回研究大会が開かれ、現在も毎年、開催されている。道徳教育研究の国際的な学会組織としては、Association for Moral Education もあるが、こちらは主として、アメリカやヨーロッパで開催されていることを考えると、太平洋地区も含むアジア圏での研究交流組織ができたということは喜ばしいことである。なぜなら、道徳教育は、その国独自の文化や宗教の影響を受け、閉鎖的になりかねないからである。

外部に向かって開く、つまり、外国へ向かって情報を発信し、また批判を受け入れるということがとても重要なことになってくる。もちろん、一方で、その国独自の文化を、また価値観を、次世代へと繋ぐことは認められなければならない。他方で、国際社会の一員として、平和で民主的な世界を構築するために、国際人としての道徳というものも身につけていかなければならない。そのような道徳として何が求められるのか。そうした問題は、さまざまな民族が集まって議論しあうべきであろう。

道徳は教えられるのか

第一章でも述べたが、道徳は教えられるかという問いは、古代より議論され続けてきた問いである。この問題を再度取り上げてみよう。

伝統主義の立場では、道徳を社会的事実とみなすのであるから、知識の伝達と同様に、教えられると言える。しかし、進歩主義の立場では、たとえばコールバーグの考えに従えば、道徳性の発達は、認知構造の変化にほかならず、道徳を教えたとしても認知構造が変化するとは限らないので、道徳は教えられないということになる。そうすると、コールバーグ理論に基づくモラルジレンマ授業は何のために行っているのかと批判されることになるかもしれない。コールバーグは、認知構造の変化を促すのは、認知的刺激であると考える。したがって、ジレンマ授業は、認知的刺激を与えるという点で意味があるということになる。

しかし、コールバーグの言う認知的刺激によって変化が生じた場合、私たちは通常、そうした事態を「教育された」と言うのではないだろうか。コールバーグの立場で「道徳は教えられない」と言うときには、あまりにも狭い教育概念が用いられているのではないだろうか。

けれども、こうした言い方は、伝統主義に偏った見方と言えるかもしれない。進歩主義的な立場に立って、まったく反対にも説明できる。たとえば、伝統主義の立場では、道徳は教えられると考えられるが、しかし、社会的事実としての道徳を伝達しただけで、なぜ道徳を教えたということになるのであろうか。問題点は、「教える」という言葉の意味をめぐるものと、知識と行為の関係に関するものの少なくとも二つある。「教える」という言葉は、教育者の教える行為のみを意味する場合と、それに加えて学習者の理解が成立したということを意味する場合があるが、道徳は教えられるかと問う場合の「教える」の意味は、学習者のなんらかの変化を含意していると言える。したがって、教えたけれども学習者が理解できなかったというのでは、教育は成立していないと言わざるをえない。

また、道徳が社会的事実として教えられたとして、それが道徳的行為につながっているかどうかはわからないのではないか。友情や正直や誠実について、道徳の時間に問われれば説明できるが、しかし、日常生活では、友人をいじめていたり、嘘をついたりするという事態は、容易に想像できる。

こうした議論を続けても、万人が納得する形での結論は出ないであろう。そういった意味では無駄な議論であるが、しかし、一方でこうした問題にどのような立場をとるかによって、実際の授業方法も影響を受ける。もし教えられないとすれば、そもそも道徳教育をやる必要などない。教えられるとすれば、効果的に教えればよい。けれども、道徳教育をめぐる実情は、二者択一的に議論されるよりはもう少し複雑である。道徳教育は、単純な知識伝達だけでもないし、認知的刺激を与えるだけでもなく、知識伝達と外部からの認知的刺激と心情面での耕しと行動面での指導が、内面的道徳性の自然な成長と関連することによって成立しているように思われる。

こうした問題は、人間として考え続けるべき問題であると言えよう。

だれの道徳的価値を教えるのか

道徳が教えられると前提すると、今度はどのような価値を教えるのかということが大きな問題になる。ひとによって、教えるべきだと考える道徳的価値は異なるからである。この問題は、第四章で触れたが、その際には、ベネットがあげている十個の徳目に言及した。自己規律、同情、責任感、友情、仕事、勇気、忍耐、正直、忠誠心、信仰心である。

アメリカの道徳教育学者トーマス・リコーナは、尊重と責任を中心的な価値としてあげる（リコーナ、一九九七年）。私なら、中心的な価値として正義と思いやりをあげる。このように、ひとによって、大切だと考える道徳的価値は異なるのである。こうした問題の解決は、道徳的価値を決めずに、それを決める手続きを定めておいて、その都度、議論するしかない。こうした発想は、ハーバマスの討議倫理学の考えに見て取れる。

しかし、現実問題として、道徳的価値をまだ学んでいない子どもたちに、どのような価値を学ぶかを決めさせるわけにはいかない。やはりだれかが事前に教えるべき価値を決めざるをえない。日本では、それが学習指導要領によって決められている。その内容については、第三章で取り上げたが、望まれるのは、私たち自身が、学習指導要領に取り上げられている内容でいいのかどうかについて絶えず検討し続けることと、子どもたちが学習した後に自分たちの学んだ内容について吟味できるだけの力を身につけられるように指導することである。

道徳性と個性

教えるべき道徳的価値が、事前に決められているとすれば、教育によってすべての人間が同じタイプの道徳的人間になってしまうということはないのだろうか。もしそうなれば、それは望ましいことだと言えるのだろうか。ある程度の規範の押しつけは社会の秩序を維持するために必要であるが、道徳教育がまったく同じ人間をつくるということになってしまったのではファシズム以外のなにものでもない。

しかしながら、ある特定の道徳的価値を、具体的にどのようなものとしてとらえるかはひとによって異なる。たとえば、友情という価値について考えてみよう。困っている友人にお金を貸すことが友情だと考える者もいれば、あえて貸さないのが友情だと考える者もいる。こうしたことが成り立つからこそ、第六章で取り上げた価値明確化の授業が、日本の学習指導要領の枠組みの中でも実施可能なのである。

また、同じ価値が教えられたとしても、価値の序列化、構造化によって価値体系・価値意識の内部構造は異なると考えられる（金井肇、一九九六年を参照）。たとえば、図3のように、Aさんは、正義

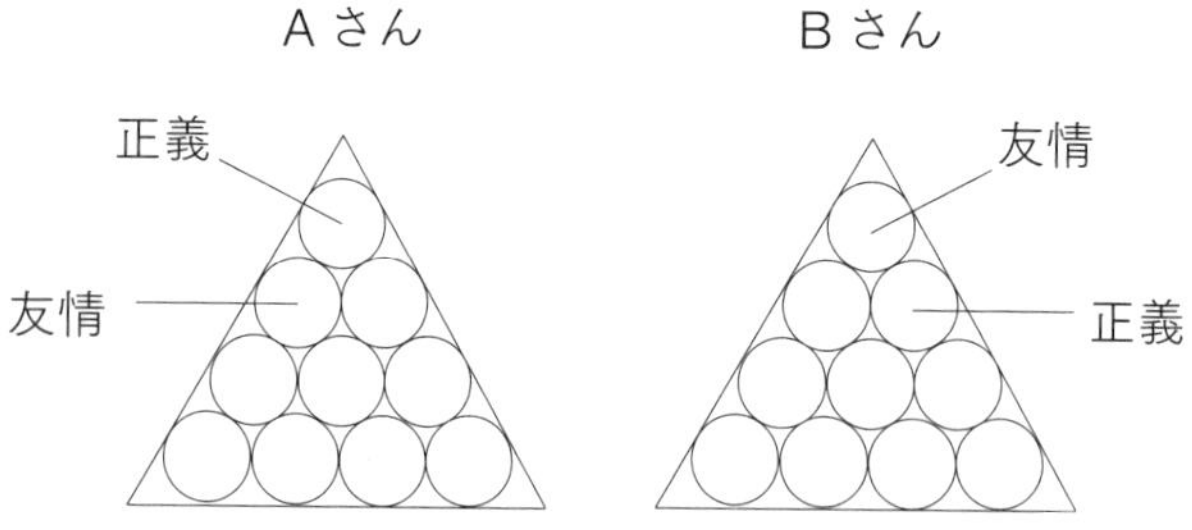

図3　道徳授業で教えられる道徳的価値と各人の道徳観

を中心的価値とみなす価値体系を持っているが、Bさんは友情を中心的な価値とみなす価値体系を持っている。いったん価値体系が構築されたとしても、さまざまな刺激によって、私たちは価値体系を構築し直す。このようにして、同じ価値を教えられながらも、個性的な道徳的価値観がつくり上げられていくと考えられる。もし事細かに価値を規定することになれば、かえってそうした個性をなくすことになるであろうし、自律的な道徳からは離れることになってしまうだろう。

二　道徳教育の実践的課題

子どもたちの現状

第一章において、子どもたちの現状として、①規範意識の低下、②自尊感情の低下、③人間関係力の低下の三つをあげた。私は自らのカウンセラーとしての経験からそのようにとらえた。一般化できるかどうかについての判断は留保しておきたいと述べた。

こうした主張を読むときに注意しなければならないのは、それが何のために主張されているかということである。たとえば、「規範意識が低下しているから、道徳を教科にしよう」とか、「自尊感情が低下しているからサイコエデュケーションを導入しよう」とか、「人間関係力が低下しているから学級活動の時間をなくすべきではない」とか、そうした主張がなされることがある。問題が生じているからこのように解決しようということであるが、ときとして、このようなやり方を導入したいのでこういう問題があると仮定しよう、という話になっていることがある。しかもその仮定が、事実であるかのように語られる。

では、私たちはまず何をしなければならないのか。それは、流布される言説を自らが確認することである。

道徳教育の教科化

第二章で触れたように、教育再生実行会議の報告書で、道徳の教科化の提案が行われた。その後、この提案は、実現されることに決定した。

教科化の議論の前提には、青少年の規範意識の低下の問題がある。たしかに、私も自己の体験からそれを指摘した。しかし、それはほんとうに一般化できるのだろうか。現代は、青少年を加害者とする事件がたくさん報道されているように感じられる。では、ほんとうに今は昔よりもひどい状態になったのであろうか。ひどい状態になったのだと仮定するとして、では、教科化すればこの問題は解決するのだろうか。戦前、戦中には、「修身」という教科があった。その時代に、青少年犯罪があまりなかったとすれば、教科としての道徳教育にも意味はありそうである。しかし、昔の新聞を探ってみれば、青少年の凶悪犯罪がいくつも見つかる。教科化すれば解決するとは言えそうにないのではないか。

残念なことに修身の効果がどうであったのかの研究データが見当たらない。そもそも研究がなされていないのかもしれないが、もし、それが望ましくないものであったとの判断でデータまで破棄されているとしたら、残念でならない。

新しい道徳教育の必要性

むしろ、今までの修身教育や道徳教育では取り上げてこなかったことを試みる方がいいのではないか。それは、進歩主義的な授業方法である。伝統主義的なスタイルでは、価値の教え込みを行うが、その前後に必要なことがあるのではないかと思われる。道徳的価値が浸透していないからといっていくら価値を押しつけてみても、子どもたちの心には浸透していかない。その前に、自尊感情を育んだり、メンタルヘルスを維持したりすることが求められるのではないか。そして、価値を学んだ後に、それを実践へとつなぐ活動が求められるのではないか。たとえば、スキルトレーニングで模擬的に実践してみるとか、学校で仕組まれた体験活動の中で実践してみるとか、そういったことを繰り返す中で、道徳的価値も身につくのではないだろうか。図4を用いて説明すれば、内側の枠が従来の道徳教育だとすれば、それを超える部分まで含んだ形で道徳教育をとらえるということである。そして、その超える部分の具体的な指導方法としては進歩主義的なアプローチが効果的だとは考えられないだろうか。

図4　道徳科授業の前後に求められるもの

三　よりよい道徳教育の構築に向けて

道徳教育実践学の構築

第一章においても、まず、道徳教育学の構築ということを述べた。学問として道徳教育学が成立してないということが、道徳教育をめぐる原理的課題の追求を不十分なものとしているように思うからである。しかし、学問としての道徳教育学の成立は、今度は、実践から離れるという意味で、実践的課題の追求を疎かにするのではないかと思う。道徳教育の研究は実践を抜きにしては成立しえない。そうした意味で、道徳教育実践学というものを構築すべきだと私は考えるのである。実践学と名づけたからといって、もう一方に理論学があるというのではない。理論も含めて、道徳教育実践学なのである。

多様性と寛容

道徳教育実践学は、道徳教育のあり方を論じる学問分野であって、それは特定の授業方法だけを勧めるというようなものであってはならない。前提しなければならないのは、道徳観や価値観の多様性である。世界には、さまざまな民族がいて、さまざまな文化があり、さまざまな社会があり、さまざまな宗教がある。そして、それぞれが独自の価値観を形成している。もちろん、倫理学的には、普遍的な倫理的原理が想定できるのが望ましいと言えるかもしれないが、それは、相手の了解も得ずに強制すべきものではない。そのように考えると、道徳的価値の中で「寛容」というものが非常に大切なものに思えてくる。

「寛容」にあたる英語は、tolerance である。これはラテン語の「tolerare（耐える）」を語源とする。日本語では「寛大に受容する」といったニュアンスだが、英語では、耐えるということである。そうした英語のニュアンスでとらえると、寛容の態度には権力関係が見て取れる。寛容の主体が、寛容の客体を見下している感がありはしないか。しかし、日本の小中学校現場で用いられている概念に置き換えれば、それは「やさしさ」だと言えよう。そうしたやさしい態度で、価値観の違う他者を受け入れることが望まれよう。

さて、本書では、道徳教育に関するさまざまな事項を取り上げながら、自ら吟味することや、批判することの重要性を強調してきた。吟味や批判の対象になるという点は、本書も例外ではない。ここに書いてあることに縛られずに、むしろ批判的にとらえて、皆さん自身の道徳教育論を構築していただきたい。哲学者ウィトゲンシュタインにならって、本書は、登り切った後には投げ捨てられるべき梯子であると述べて、筆を擱くことにしよう。

参考文献

ウィニコット(成田善弘、根本真弓訳)『赤ん坊と母親』岩崎学術出版社、一九九三年
尾田幸雄監修『日本人の心の教育』官公庁史料編纂会、二〇〇八年
押谷由夫『「道徳の時間」成立過程に関する研究：道徳教育の新たな展開』東洋館出版、二〇〇一年
貝塚茂樹『戦後教育改革と道徳教育問題』日本図書センター、二〇〇一年
金井肇『道徳授業の基本構造理論』明治図書、一九九六年
ギリガン(岩男寿美子訳)『もうひとつの声』川島書店、一九八六年
佐野安仁、吉田健二編『コールバーグ理論の基底』世界思想社、一九九三年
佐野安仁『フェニックスの道徳論と教育』晃洋書房、一九九六年
サイモン(市川千秋、宇田光訳)『教師業ワークブック』黎明書房、一九八九年
サムナー(青柳清孝、園田恭一、山本英治訳)『フォークウェイズ』世界思想社、一九七五年
菅原伸郎『宗教をどう教えるか』朝日新聞社、一九九九年
寺村輝夫『アフリカのシュバイツァー』童心社、一九九〇年
デュセイ『エゴグラム：ひと目でわかる性格の自己診断』創元社、二〇〇〇年
デュルケム(麻生誠、山村健訳)『道徳教育論』1、明治図書、一九六四年
デュルケム(佐々木交賢訳)『教育と社会学』誠信書房、一九七六年
永野重史編『道徳性の発達と教育：コールバーグ理論の展開』新曜社、一九八五年
日本学校GWT研究会『学校グループワーク・トレーニング〈3〉』遊技社、一九九四年
ノディングズ(立山善康他訳)『ケアリング』晃洋書房、一九九七年
林泰成編『ケアする心を育む道徳教育』北大路書房、二〇〇〇年
林泰成『モラルスキルトレーニングスタートブック』明治図書、二〇一三年
ハーバマス(三島憲一ほか訳)『道徳意識とコミュニケーション行為』岩波書店、一九九一年

ピアジェ（滝沢武久訳）『発生的認識論』白水社、一九七二年
ピアジェ（大伴茂訳）『児童道徳判断の発達』（ピアジェ臨床児童心理学Ⅲ）同文書院、一九七七年
ヒギンズ「アメリカの道徳教育研究：今日の一展望」（杉浦宏編『アメリカ教育哲学の動向』晃洋書房、一九九五年）、
ブル（森岡卓也訳）『子どもの発達段階と道徳教育』明治図書、一九七七年
ベネット（大地舜訳）『魔法の糸』実務教育出版、一九九七年
ベネディクト（長谷川松治訳）『菊と刀：日本文化の型』講談社、二〇〇五年
本田由紀『多元化する「能力」と日本社会：ハイパー・メリトクラシー化のなかで』NTT出版、二〇〇五年
宮田丈夫編著『道徳教育資料集成』（全3巻）第一法規、一九五九年
孟子（今里禎訳）『孟子』徳間書店、一九九六年
森田洋司、清永賢二『いじめ：教室の病い』（新訂版）金子書房、一九九四年
文部科学省『生徒指導提要』教育図書、二〇一一年
山岸明子『道徳性の発達に関する実証的・理論的研究』風間書房、一九九五年
ラス、サイモン、ハーミン（遠藤昭彦監訳）『道徳教育の革新：教師のための「価値明確化」の理論と実践』ぎょうせい一九九一年
ラーゲルレーヴ（石賀修訳）『キリスト伝説集』岩波書店、一九八四年
リコーナ（三浦正訳）『リコーナ博士のこころの教育論：「尊重」と「責任」を育む学校環境の創造』慶應義塾大学出版会、一九九七年

創刊の辞

この叢書は、これまでに放送大学の授業で用いられた印刷教材つまりテキストの一部を、再録する形で作成されたものである。一旦作成されたテキストは、これを用いて同時に放映されるテレビ、ラジオ（一部インターネット）の放送教材が一般に四年間で閉講される関係で、やはり四年間でその使命を終える仕組みになっている。使命を終えたテキストは、それ以後世の中に登場することはない。これでは、あまりにもったいないという声が、近年、大学の内外で起こってきた。というのも放送大学のテキストは、関係する教員がその優れた研究業績を基に時間とエネルギーをかけ、文字通り精魂をこめ執筆したものだからである。これらのテキストの中には、世間で出版業界によって刊行されている新書、叢書の類と比較して遜色のない、否それを凌駕する内容のものが数多あると自負している。本叢書が豊かな文化的教養の書として、多数の読者に迎えられることを切望してやまない。

二〇〇九年二月

放送大学長　石　弘光

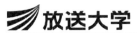

林泰成（はやし・やすなり）
道徳教育論、教育哲学。上越教育大学副学長・教授。文学修士。日本道徳教育方法学会副会長、日本道徳教育学会理事。日本道徳性発達実践学会常任理事。主な著書：『ケアする心を育む道徳教育』（編著）北大路書房、『人間としての在り方生き方をどう教えるか』（共著）教育出版、『モラルスキルトレーニングスタートブック』明治図書、『特別の教科　道徳の授業づくり』（監修）明治図書、『教員養成を哲学する』（共編著）東信堂など。

1959年　福井県に生まれる。
1983年　同志社大学文学部文化学科哲学及び倫理学専攻卒業
1986年　同志社大学大学院文学研究科博士課程前期課程修了（文学修士）
1991年　同志社大学大学院文学研究科博士課程後期課程満期退学
1996年　上越教育大学助教授（2007年まで）
2007年　上越教育大学教授（現在に至る）
2009年　上越教育大学附属小学校長（2011年3月まで）
2013年　上越教育大学副学長（現在に至る）

シリーズ企画：放送大学

道徳教育の方法
理論と実践

2018年3月31日　第一刷発行

著者　林泰成

発行者　小柳学

発行所　株式会社左右社
〒150-0002 東京都渋谷区渋谷2-7-6-502
Tel: 03-3486-6583　Fax: 03-3486-6584
http://www.sayusha.com

装幀　松田行正＋杉本聖士

印刷・製本　創栄図書印刷株式会社

Printed in Japan ISBN978-4-86528-192-7

放送大学叢書

教育の方法

佐藤学　定価一五二四円＋税〈八刷〉

いま、社会に求められる学校とはどんな学校なのか。誰もが体験してきたが故に、ともすれば客観的に認識することの難しい授業の時間。そこで起きていることを比較・分析する方法論を示し、授業研究の歴史を概観する。「学びの共同体」を提唱する著者による、学校の未来を考えるための一冊。八刷一万部のロングセラー。

学校と社会の現代史

竹内洋　定価一六一九円＋税

高度成長・教育の大衆化時代に、受験戦争やいじめなど幾多の問題の噴出した日本の教育システム。その歴史的変遷をたどり、大衆化して行く姿、英国パブリックスクールを理想像としてきたことの功罪を検討する。戦後日本の教育の移り変わりを見つめ、教育への信頼を取り戻すための一冊。

自己を見つめる

渡邊二郎　定価一六一九円＋税〈四刷〉

空前の人気授業を叢書化。「人間の人格とは、この自由と運命との相克と葛藤のうちで初めて、育成され、磨き上げられ、成立するものである。挑戦や格闘、努力や精進のないところには、人格は形成されない」など名言多数掲載。「この授業のおかげでいまの私の人生がある」と言われる名著。佐藤康邦氏、榊原哲也氏の解説付き。

徒然草をどう読むか

島内裕子　定価二五二四円＋税〈二刷〉

わが国の古典文学を代表する徒然草、その後半部を読み解くことで兼好の「生き方の哲学」や「生き方の美学」を明らかにする。「兼好は決して最初から「人生の達人」だったわけではなく、徒然草を執筆しながら、あるいは徒然草を執筆することで、徐々に成熟していった人物である」（本文より）。

少年非行　社会はどう処遇しているか

鮎川潤　定価一八〇〇円＋税〈三刷〉

世間をにぎわせたあの少年。彼らはその後どのように裁かれ、刑に服し、更生への道を歩んでいるか。補導・送致から審判、保護観察・自立支援まで、少年非行に対するわたしたち社会の処遇の全体像をわかりやすく示す。最新の第四次少年法改正、裁判員制度のもたらす影響などにも言及、学校関係者や保護者にも役に立つ一冊。

古代ギリシアにおける哲学的知性の目覚め

佐藤康邦　定価二〇〇〇円＋税

人はいつ、哲学しはじめたのだろうか――。ペルシア戦争の悲劇を描き出すトゥキュディデース「戦史」、近代的人間観につながるエウリピデスらのギリシア悲劇、恋愛小説として読めるプラトン対話篇。華開く古代ギリシア文化の精髄に、哲学という営みの根源を捉える、最良の哲学への道案内。